青史留痕——

一個台灣學者的大陸之旅

陳三井 著

自序 青史留痕

　　古人常説：「讀萬卷書，行千里路」，多讀書以吸收新知，拓寬視野；常旅行以增廣見聞，結交同行，兩者相輔相成，各有不同的收穫，這是治史者所不可不講求的工夫。

　　我是一個喜歡旅行的人，早年在國外念書的時候，便經常利用復活節和聖誕假期或寒暑假期間出外旅遊，再加上後來的幾次出國進修訪問，幾乎跑遍了歐洲大小國家，無論大城小鎮無不留下個人的遊踪。自兩岸開放通航以來，藉著受邀參加史學研討會之便，每年至少也要登「陸」一、二次，深得「以文會友」之樂。返國之後，多能把握時間將開會論史經過和所見所聞記錄下來。

　　本書是我十幾年來到大陸參加學術研討會、訪問科研機構和參觀旅遊的總報告。共分為兩輯，第一輯稱之為「學術之旅」，合計十篇，大致記錄了參加十次重要研討會的心得和感想，主要與孫中山、辛亥革命、抗日戰爭和周恩來研究等主題相關，地點從杭州、上海、南京到廣州、武漢，以至北京、天津和東北，足跡遍及大江南北。有的地方，像北京、天津、上海、南京和廣

州，已是數度重遊。在此順便感謝這些地區邀訪單位的熱情招待，限於篇幅，不擬一一列舉。

第二輯稱之為「知性之旅」，共七篇，純屬開會之餘參觀旅遊的愜意活動和隨興之作。其中第四篇〈酆都鬼城楹聯的警世作用〉，則是參加旅遊團參觀長江三峽的附帶收穫。

至〈俄羅斯檔案之旅〉一文，雖已超出副標題的範圍，但我仍願把它當成附錄收在一起，因為它同樣既是一次學術之旅，同時也是一次知性之旅，值得紀念！

以上十八篇文稿，曾先後分別刊載於《歷史月刊》、《傳記文學》、《近代中國》、《僑協雜誌》、《近代中國史研究通訊》和《國史館館刊》等期刊雜誌，特此致謝。

最後還要感謝林弘毅先生和林秀娟小姐，沒有他們日以繼夜熟練的在電腦上輸入，這本書是不可能這麼快與讀者見面的。

陳三井　謹識於南港
民國九十六年五月一日

目錄

學術之旅

滬杭史學之旅

初會杭州

古人常說：「讀萬卷書，行千里路」，多讀書以吸取新知，拓寬視野；常旅行以增廣見聞，結交同行，兩者相輔相成，各有不同的收穫，這應也是現代人和周邊的世界保持資訊接觸的必修課，更是治史者所不可不講求的工夫。這一趟滬杭之行，主要便是抱著這層意思去的。

1995年10月6日（星期五）一個清爽的早晨，與同事許文堂、中興大學歷史系副教授孫若怡相約在桃園中正機場會合，先搭國泰CX465班機到香港，再轉港龍KA620班機，於下午四點半（遲到）抵達嚮往已久，以西湖勝景聞名的杭州，杭州大學歷史系教授金普森暨「中法關係史國際學術討論會」籌備會副主任樓均信、秘書長鄭德弟派兩部小轎車到機場候接，當晚安排住宿於該校老專家樓，我住三樓303一室，除臥房外，並附一間

與楊樹標教授合影

會客室，相當寬敞而氣派，顯見大會的特別禮遇。

晚飯後，偕文堂、若怡隨興到附近的商場及位在天目山路旁的杭大校園內略作散步，主要想弄清楚明天會場逸夫科教館的方位。

晚，杭大歷史系主任楊樹標來訪，熱烈表示歡迎之意。我們曾在前年南京舉行的「第三次中華民國史國際學術討論會」上碰過面，他不久前來過台灣，又是浙江省台灣研究會的重要負責人之一，所以對台灣的情況並不陌生。楊主任全身充滿幹勁，人很健談，他以前寫過《蔣介石傳》，最近則剛出版《宋美齡傳》，所以自己戲稱「這是靠蔣家吃飯！」其後，四川成都西南交通大學的鮮于浩先生來談，他出版過《赴法勤工儉學運動史稿》一書，目前進行中國鐵路的研究，雖是第一次見面，但因相互贈書關係已屬文字之交，倒有不少的共同話題可聊。

今晚也認識住在對門，來自巴黎第八大學的阿蘭‧魯（Alain Roux）。他研

究三十年代的上海工人，最近曾把他的法文著作《Greve et Politique a Shanghai: les desillusions》寄一冊給我，我趁此機會向他補說一聲謝意。可惜，他正在為洗澡水失調而哇哇大叫，並勞師動眾在處理，故未便多打擾。

記「中法關係史國際學術討論會」

此次去杭州，主要是參加「中法關係史國際學術討論會」。這類性質的會，不但台灣辦不起來，就是法國人也不敢輕易嘗試主辦。所以不禁對杭大歷史系的魄力和勇氣，表示最大的敬意！

7日上午八點三十分，討論會假逸夫科教館舉行開幕典禮，共有三、四十人出席，是個精緻型的專家之會，杭大校長沈善洪親臨講話，指出中國人民敢於起來反對封建主義，主要受到法國大革命的影響，中國人特別喜歡拿破崙，也尊敬像戴高樂般的民族英雄。

上午第一場討論會，由楊樹標主任主持，共宣讀四篇論文，他們是：

耿昇（社科院歷史所）：十六～十八世紀的中學西漸對法國哲學思想形成的影響

Alain Roux（巴黎第八大學）：國民政府時期的法國老板與中國工人──三〇年代上海的情況

中法關係討論會，左起：孫若怡、陳三井、樓均信、許文堂

樓均信（杭州大學）：沈鍊之與中法文化交流

沈堅（杭州大學）：中國文化和法國洛可可藝術

　　大會未設評論，時間卻拖得相當長，待分別報告完畢，我建議稍做討論，並笨鳥先飛第一個發言。首先，對沈鍊之（里昂中法大學海外部學生）回國後在杭大歷史系創設法國史研究會，倡導法國史研究的貢獻，予以充分肯定。繼表示幾點：（1）無論大陸或台灣，要開展法國史研究，恐難免不無資料上的限制（指原始材料）和語言上的困難；（2）避免畫地自限，自我孤立，要多結合中法關係史、中國近現代史的學者，共同切磋努力，否則恐將永遠落在外國人之後；（3）研究工運、婦運，甚至青運，切忌過分政治化、教條化，以免模糊歷史的多樣性和真實性；（4）吳開先與上海工運的關係，值得注意。

　　下午第一場，由Alain Roux用標準的法語主持，宣讀下列幾篇論文：

Nora Wang（王楓初，巴黎八大）："Immigration Chinoise en France et Relations Franco-Chinoises dans les annees 1920"（1920年代在法國的中國移民與中法關係）

鮮于浩（四川西南交通大學）：法國朝野與留法勤工儉學

許文堂（中研院近史所）：中法實業銀行歇業風潮──政治層面的考察

鄭德弟（杭州大學）：巴金筆下的法國大革命

呂一民（杭州大學）：二戰時期中國主要報刊對戴高樂及其「自由法國」的報導與評價

其中前兩篇與歐戰華工及留法勤工儉學有關，正是我所熟悉的課題，所以也當仁不讓的提出一些個人的看法和補充意見。

晚飯後分二組，分別由 Nora Wang 與復旦的金重遠教授主持一場「學術沙龍」，大家匯報相關的教學及研究概況，我也就台灣的法國史教學、出版及最近成立的「中外關係史研究會」的活動情形提出報告。

8日上午，從八點半到十一點半，由我主持一場馬拉松式的討論會，共報告七篇論文，分別是：

黃時鑒（杭州大學）：《譜姓：拿破戾翁》序説

許明龍（社科院世界所）：再論黃嘉略

戴成鈞（杭州大學）：趙保祿（Paul Marie Reynaud, 1854-1926）在浙江傳教活動述評

嚴建強（杭州大學）：法人在華辦博物館：概述與評析

計翔翔（杭州大學）：近代中西文化交流的先驅金尼閣

汪林茂（杭州大學）：中國人是如何認識和瞭解法國的

董海櫻（廣州中山大學）：略論中法早期的交往

雖然老少配輪番上台，但我嚴格控制時間，多擠出半小時供大家討論之用。

下午最後一場，由杭大資深教授兼大會籌備會副主任樓均信主持，完成下列幾篇報告：

金重遠（復旦大學）：拉萼尼使團和黃埔條約—中法關係上的一頁

陳三井（中研院近史所）：從北圻到中國—十九世紀一個里昂商人

筆者正在報告論文

與部份學者攝於杭大門口，右起：許文堂、
孫若怡、陳三井、許明龍、謝俊美

的殖民觀

謝俊美（華東師大）：翁同龢與中
法戰爭

郭世佑（杭州大學）：施阿蘭與李
鴻章

寶成關（吉林大學）：論孟德斯鳩
學說在近代中國的傳播與
影響

許明龍（社科院世界所）：中法關
係史研究的現狀與展望

報告討論完畢，旋即舉行閉幕典
禮，對研討會的得失有所檢討，我應邀
談話，盛讚大會的幾項特色，並比較兩
岸的開會文化，最後誠懇的提出幾點建
言，包括漏發名牌給與會學者等。大會
從善如流，立刻補做五個名牌給來自海
外的學者當紀念！

晚飯後，無事一身輕，與謝俊美、
鮮于浩、寶成關、許文堂、孫若怡外
出逛逛，信步走到美麗的西湖旁，在
一家歐式的戶外冰淇淋店品嚐特大號的
彩虹三式（每份十五元），迎著仲秋夜

微風，縱談古今，月旦人物一番，頗有
「人生幾何，對酒當歌」的豪情。

　　9日上午，大會特包下一艘古色古
香的大船，讓與會學者遊覽西湖，以滌
除幾天來的辛勞。船在薄霧中緩緩沿著
楊柳青青的蘇堤前行，斷橋殘雪、曲院
風荷、三潭印月、花港觀魚等勝景盡收
眼底，飽覽無遺！西子果然出落得清新
脫俗，繁花垂柳，比起揚州的瘦西湖，
無論格局或景色，果然更勝一籌！

　　下午參觀中國茶葉博物館，該館
於1991年4月開放，坐落在龍井路雙
峰村，佔地5,060公頃，建築總面積
3,500平方米，內分茶史、茶萃、茶
具、茶事、茶俗五個展覽廳，頗能展
現中國茶葉文明及茶文化的概況。前人
形容喝茶好處的極致是「一碗喉吻潤；
二碗破孤悶；三碗搜枯腸；四碗發輕
汗，生平不平事，盡向毛孔散；五碗肌
骨清；六碗通僊靈；七碗吃不得也，唯
覺兩腋習習輕風生。」走出茶香滿園的
「茶博」，每個人也都喝得肚子發脹，
不但有「破孤悶」、「發輕汗」的感

在中國茶葉博物館與鮮于浩教授合影

覺，而且頗有「肌骨清」的快意。

紹興古蹟一日遊

　　10月10日（星期二），今天專程前往紹興做一日遊。紹興古稱會稽，位於浙江杭州灣南岸，會稽山北麓，是一座歷史悠久的文化古城，距杭州79公里，相等於台北至新竹之遙，鐵公路皆可抵達。全市運渠縱橫，山明水秀，地靈人傑，素有魚米之鄉和水鄉澤國的美稱。春秋時代為越國都城，西施曾在此浣紗。紹興的特產有三缸——酒缸、醬缸、染缸，皆與水質有關，紹興老酒聞名中外。紹興除出師爺外，也出了不少名人，包括大書法家王羲之、南宋詩人陸游（放翁）、革命先烈秋瑾、近代教育家蔡元培、文學家魯迅、中共總理周恩來等。

　　一大早杭大派車到老專家樓來接，與許文堂結伴，並由金普森教授作陪導覽，興致沖沖的往紹興出發，車經錢塘江第二橋，走一段杭甬高速公路，過蕭山，一路欣賞江南風光到紹興，車行約一個半小時。

　　紹興的風景名勝眾多，上午第一站先參觀雄偉的大禹陵。相傳夏朝的創始人大禹因奉命治水，曾兩次到紹興，後埋葬於此，後人因而豎碑建廟，以為紀念。大禹陵由禹陵、禹祠、禹廟三大建築組成。禹陵背靠會稽山，陵前立石碑，上刻明代紹興知府南大吉所書「大禹陵」三字，筆力遒勁、氣勢不凡。左右兩側立有「咸若亭」和「禹穴辨碑亭」。禹陵左側是禹祠，始建於夏少康之時，祠前一泓碧水，名

曰「放生池」。禹陵右側為禹廟,是一
組宮殿式建築,自南而北依次是照壁、
岣嶁碑亭、午門、拜廳、大殿。廟宇依
山勢逐漸升高,左右對稱,布局精當,
相映在群峰之中。殿內中立六米高的
大禹塑像,頭戴冕旒,手捧玉圭,身披
朱雀雙龍華袞,雍容大度,令人肅然起
敬。殿旁有一窆石亭,長石下相傳這才
是夏禹真正的埋葬所在。

紹興魯迅紀念館

　　參觀畢,回到市區,與紹興市社
科院副院長朱順佐（曾任杭大教授,著
有《邵力子傳》、《胡愈之傳》,並主編
《紹興名人辭典》等書）會合,瀏覽魯迅
故居、百草園、三味書屋（魯迅上私塾
處）暨魯迅紀念館。中午,紹興市政府
民政局長嚴華作東,假市府直營的福樂
飯店,以海鮮席宴客。

　　下午繼續參觀百歲堂（周恩來祖
居）、秋瑾烈士紀念碑、蔡元培故居及
王羲之的蘭亭。蘭亭位於紹興西南十
公里之處,相傳原為越王勾踐種蘭之
處,漢代設驛亭,故名蘭亭。蘭亭主
要建築有御碑亭、曲水流觴亭、晉右將

在禹廟前與金普孫教授（中）、許文堂（右）
合影

11

在蘭亭前與金普孫教授合影

在鵝池前與許文堂先生合影

軍祠、鵝池、小蘭亭等，竹林成蔭，遠離塵囂，頗有世外桃源之感。聞永和九年（公元353年）三月初三日（以後成為各地詩人騷客吟詩詠唱之日），王羲之邀約謝安等四十一位名士好友相聚於此，舉行盛大的風雅野宴。小溪彎彎曲曲順著山勢而下，四十一人分坐溪邊兩旁，酒觴順水而流，停在何人處，此人就需賦詩一首，即「曲水流觴」。不能賦詩者十五人各罰酒三觥，十一人各賦詩二篇，十五人各賦詩一篇，得詩三十七篇。王羲之大樂，提筆寫序，此時王羲之已有幾分醉意，下筆如有神助，故寫出書法的經典名著《蘭亭集序》，王羲之因此被稱為「書聖」、蘭亭也成為書法聖地。王羲之喜歡賞鵝，從鵝頸部以上的活動中，體會出書法提筆運勁的妙處，故蘭亭有「鵝池」。亭北有一石碑，正面刻有康熙帝所書的〈蘭亭集序〉全文，背面則刻有乾隆帝遊蘭亭感賦的幾首詩。祖孫二人的書詩同刻一碑，為全中國獨一無二所僅有，亦屬藝文佳話一樁。

回程轎車因離合器故障而拋錨,一行三人不得不改搭野雞中型巴士,繼續上路。不料這輛老爺車不但速度奇慢,而且接連爆胎兩次,最後停靠在錢塘二橋上,動也不動,前不著村,後不著店,因為晚上還趕應酬,真令人急得像熱鍋上的螞蟻。最後,在半求半重賞之下,總算攔到一輛小發財車載我們過橋進入杭州市區,再轉雇出租計程,趕回住處。這一意外折騰,不但害得作陪的金教授大破鈔,也讓今晚的東道主楊樹標主任等得心急如焚!這雖是「大陸經驗」的一種新奇嘗試,仍不免令人有在大陸出門旅遊迢迢難的刻骨銘心感覺。

在復旦大學毛澤東巨像前與許文堂合影

滬上取經行

11日(星期三)晨搭八點十四分旅遊車由杭州到上海,在此又增加了一項「大陸經驗」。即雖然買車票對號入座,但在人潮中為了爭取提前入站上車,杭大的沈堅先生又為我們每人購買了名實不符的「茶座費」六元,這個

在復旦大學與楊立強主任(右)、陳絳教授(左)等座談

數額高達火車票的五分之一，真是「創收」有道！偏偏火車因故延遲了一小時又一刻鐘才啟動。車行約三小時抵上海，復旦大學黃美真教授派車來接，並招待火鍋午餐後，安排住進校內的正大管理學院專家樓。略事休息，下午與復旦大學歷史系教授楊立強、陳絳、姜義華、黃美真、金重遠、石源華等見面，交換研究課題訊息。晚，系主任楊立強在專家樓設宴招待。

12日（星期四）上午由黃美真教授作陪，參觀上海市檔案館，第一印象是門禁森嚴，見到副館長董永昌、館長助理兼二處處長馬長林。馬先生帶我們參觀檔庫，該館以所藏公共租界、法租界檔案暨上海商界數百行業資料最為豐富。據兼《租界志》辦公室主任的馬先生透露，該館修纂《租界志》有年，已近殺青階段。馬先生並送我們各類不同的目錄，我也趁機購買到該館出版的《上海市各界抗敵後援會》、《上海工會聯合會》暨《抗日戰爭時期上海工人運動史》、《解放戰爭時期上海工人運動史》等書，收穫頗豐。

下午到淮海中路的上海社會科學院拜會張仲禮院長，並與歷史所所長熊月之、所長助理羅蘇文、文化史研究室主任李天綱暨黃美真教授等人座談。據報，「八五」國家、上海市、院三級重點研究課題（1991～1995），在史學類方面正在進行的有：（1）上海通史（熊月之）；（2）上海移民史（熊月之）；（3）近代上海市民研究（羅蘇文）；（4）舊上海工部局研究（袁燮銘）；（5）當代上海大事記（許敏）。聞《上海通史》共十五卷暨《當代上海大事記》今年八月可以出版。又該院為慶祝最老的二個研究所─經濟研究所與歷史研究所成立四十週年，訂於1996年8月舉辦「中國城市史發展」國際學術

研討會，已展開籌備。晚，張仲禮院長假淮海中路一家頗具歐洲風味的餐館設宴招待，作陪的尚有副院長俞新天等人。

　13日（星期五）上午華東師大謝俊美教授來接，特往位於上海中山北路的華東師範大學參觀拜會。該校佔地近百公頃，花木扶疏，素有「花園學校」的美稱。主要參觀歷史系，與系主任王斯德、副主任李學昌暨教授忻平、虞寶棠、劉學照、謝俊美、易惠莉等座談，瞭解彼此的研究概況，並交換出版刊物。

　華東師大歷史系成立於1953年，目前有正副教授二十餘名，分設以下三個研究室：

1. **中國近代史研究室**——成立於1978年，以研究近代中國社會變遷為主，教授有陳旭麓（已故）、夏東元、黃逸平、劉學照、謝俊美等人，已出版有《盛宣懷傳》、《洋務運動史》（夏東元）、《近代中國經

張仲禮院長來台時在近史所演講

與華東師大歷史系主任王斯德合影

與華東師大教授合影，左起：謝俊美、
李學昌、陳三井、王斯德、許文堂

與王斯德主任、許文堂先生
合攝於拱型大門前

濟變遷》（黃逸平）、《王韜評傳》（忻平）、《翁同龢傳》、《政治制度與近代中國》（謝俊美）、《洋務運動與近代中國》（劉學照）等著作。

2. **世界近現代史研究室**——重要成員有李巨廉、王斯德、潘人杰、鄭寅達等，已出版有《世界現代史》、《第二次世界大戰事件人物》（王斯德）、《第二次世界大戰—專題述評》、《第二次世界大戰百科辭典》（李巨廉）等專著。

3. **法國史研究室**——重要成員有王養冲、陳崇武、尤天然、王寅等，編有《法國史研究通訊》，已出版有《羅伯斯比爾評傳》（陳崇武）等書。

該系另設有「中國企業史研究中心」，以研究和撰寫中國著名廠礦企業史為主，研究人員以退休教授、在職部分研究員和研究生為主，目前出版有《雲南煙廠史》、《江南造船廠史》、

《上海鋼鐵第三廠史》、《正泰橡膠廠史》等數十種。

歷史系並附設有：

1. **文物陳列室**——以收藏古錢幣、古代兵器、部分出土文物為主，主要配合中國古代史的教學。

2. **歷史資料室**——以收藏海內外期刊、雜誌和報紙及出版著作為主，供教師、研究生教學、研究參考之用。

中午，王斯德主任在國際學生活動中心設宴招待，並表達與台灣學術界進行出版品與人員交流的意願。

下午趕回復旦大學，在歷史系主任楊立強主持下，向歷史系三、四十位師生報告「四十年來台灣的上海研究」，發問者熱烈踴躍，這是此行比較正式的一次演講。

晚，在專家樓設宴回請復旦的幾位教授，到者有楊立強、陳絳、黃美真、金重遠、姜義華、石源華以及華東師大的謝俊美教授，賓主把酒盡歡。

翌日（14日）上午啟程搭機，右手拎的左手提的都是以書為主的厚重行李，幸承黃美真教授派車送至機場，一路順利返回台北。法國名雕刻家羅丹（Auguste Rodin, 1840～1917）曾謂：「我到處都在學，就是不在學校裡。」就個人來說，滬杭之行，真是滿載而歸；就史學接觸而言，更是一次令人難忘，大有收穫的史學之旅。

（原載《近代中國史研究通訊》，21期，頁46~53，民國85年3月）

群英會翠亨
——「紀念孫中山誕辰一百三十週年國際學術討論會」追記

前言

　　孫中山先生誕生於1866年，為紀念這位民國開國偉人的一百三十周年誕辰，兩岸莫不紛紛舉辦學術研討會以為慶祝，極一時「紀念史學」之盛。就筆者所知，上海、南京、北京等地都先後舉辦過以孫中山為主題，規模或大或小的研討會，台北亦由華僑協會總會與中央研究院近代史研究所合辦了一次「華僑與孫中山先生領導的國民革命」學術研討會，南北同步，兩岸交流，真正美不勝收！

　　惟堪稱跨世紀中國近代史學界最大規模的一次盛會，則當推在孫中山故鄉——翠亨鎮舉辦的「孫中山與中國近代化」國際學術討論會，是會由中國孫中山研究會、廣東省社會科學聯合會共同主辦，假風景優美的翠亨賓館舉行，從1996年11月3日至8日，為期共六天。

19

筆者在會上做報告，左為北師大龔書鐸教授

八方精英會翠亨

就大陸而言，由於「孫中山與中國近代化」討論會屬於中央級的全國性會議，再加廣東人向以好客聞名，所以這次出席參加的學者相當踴躍，號稱多達二百二十人，稱得上老少咸集，舊雨新知共聚一堂，構成本世紀末難得一見的盛況。茲誌各方重要出席人名單如下：

（1）中國社會科學院

由高齡七十八的老院長胡繩與副院長汝信領軍，近代史研究所幾乎精銳盡出，到有劉大年、張海鵬、耿雲志、楊天石、陳鐵健、曾業英、尚明軒、梁尚賢、李玉貞等學者。

（2）平津

金冲及、王玉璞（以上中央文獻研究室）、李文海、胡繩武（以上中國人民大學）、龔書鐸（北師大）、俞辛焞、李喜所（以上南開大學）等重量級學者大多捧場，並有代表宋慶齡基金會的黃華、劉啟林、盛永華等人。

（3）冀魯豫

僅有苑書義（河北師大）、成曉軍（河北大學）、孫占元（山東師大）、馬小泉（河南大學）、鄭永福（鄭州大學）等人出席，稍嫌勢孤力單。

（4）京滬

因南京、上海都有類似的會，南來的學者只有姜義華、沈渭濱（以上復旦大學）、湯志鈞、李華興（以上上海社科院歷史所）、劉學照（華東師大）、馬洪武、楊振業、閻小波（以上南京大學）等人。

（5）兩湖

陣容頗為壯盛，湖北方面有章開沅、羅福惠、嚴昌洪、馬敏、朱英、蘇中立（以上華中師大）、吳劍杰、蕭致治（以上武漢大學）；湖南方面有韋杰廷、鄭焱、遲雲飛、郭漢民、饒懷民、李育民（以上湖南師大）、劉泱泱（湖南省社科院）。

（6）西南

以四川大學的隗瀛濤、謝放、何一民三劍客為主，加上鮮于浩（西南交大）、王炎（四川省社科院）；貴州有吳雁南（貴州師大）、馮祖貽（貴州省社科院），廣西為黃錚（廣西省社科院）。

（7）東北

採精兵主義，分別有關捷（大連東北民族學院）、寶成關（長春吉林大學）、劉興華（哈爾濱師大）三位代表。

（8）福建

雖近在咫尺，但出席者並不算茂盛，有羅耀九（廈門大學）、林慶元（福建師大）、戴學稷（福建省社科院）、林偉功（福州市方志會）等人。

（9）廣東

身為地主，堪稱傾「巢」而出，大致以廣東省社科院與中山大學兩路人馬為主，有張磊、張難生、黃彥、劉望齡、方志欽、劉曼容、王杰、丁旭光（以上為省社科院）、陳錫祺、林家有、李吉奎、段雲章、邱捷、桑兵（以上為中山大學）等，此外尚有楊萬秀、鍾卓安、駱寶善（以上為廣州市社科院）、莫世祥（暨南大學）、吳智棠（南方成人經貿學院）等人。

（10）台灣

聞報名參加者四十餘人，實際到會者約為一半，有劉鳳翰、陳三井（以上為中研院近史所）、胡春惠、林能士、馬起華（以上為政治大學）、魏萼、姜新立（以上為高雄中山大學）、邵台新（輔大）、王甦、莊政（以上為淡江）、劉碧蓉（國父紀念館）等。

（11）香港

李志剛（基督教文化學會）、余炎光（樹仁學院）等。

（12）澳門

霍啟昌、盧文輝（澳門大學）、吳志良（澳門基金會）、陳樹榮（澳門日報）等。

（13）日本

陣容相當整齊，有山田辰雄（慶應大學）、久保田文次（日本女子大學）、伊原澤周（追手門學院）、山口一郎（孫中山紀念館）、中村哲夫（神戶學院大學）、深町英夫（中央大學）、緒形康（愛知大學）等老中青三代學者。

（14）韓國

裴京漢（釜山女大）。

（15）越南

阮輝貴（社會科學與人文中心）。

（16）俄羅斯

舍維廖夫（Konstantin V. Schevelyoff，石克強，科學院遠東所）。

（17）澳洲

黃宇和（雪梨大學）。

（18）美國

吳相湘、韋玉華、孫穗芳。

從這份名單，大致可以看出，中國國內學者網羅相當整齊，但做為國際學術討論會，比起1986年與1990年的兩次，出席者仍有美中不足之處：

1. 歐美學者幾乎完全缺席，像過去的常客，如白吉爾（Marie-Claire Bergere）、巴斯蒂（Marianne Bastid）、史扶鄰（Harold Z. Schiffrin）、韋慕庭（C. Martin Wilbur）等人皆不見蹤影。

2. 台灣史學界捧場者亦明顯減少。

3. 香港及東南亞學者所佔比例稍嫌偏低。

開會過程與論文討論

「孫中山與中國近代化」討論會因係中國全國性活動的組成部分，所以顯得特別地隆重，開幕典禮由中國孫中山研究會秘書長金冲及與廣東省社會科學院院長及社科聯主席張磊共同主持，黨政學三界領導冠蓋雲集，輪番上台致詞，所以耗用一個上午的時間。

在眾多致詞中，不可避免地充滿宣示性的政治口號。例如胡繩院長除了強調，孫中山是兩岸共同尊敬的偉人外，並預言繼港澳之後，包括台灣在內的祖國統一，其勢不可擋，將成為事實。

代表宋慶齡基金會的黃華、劉啟林均表示，宋慶齡與孫中山同樣是中華民族的驕傲，希望學者對宋慶齡的研究，給予像對孫中山研究一樣的關注。多位

討論會場一瞥，筆者左側為韓國裴京漢教授，右側為章開沅教授。

致詞者幾乎異口同聲，一再提到孫中山的「新三民主義」，但來自夏威夷，曾出版《我的祖父孫中山》一書，並自稱孫中山孫女的孫穗芳女士，在受邀講話時卻鄭重指出，終孫中山一生，無所謂新舊三民主義之分，為開幕典禮留下一點不同的聲音。

論文宣讀分成全體會議與分組討論兩種。把論文安排在全體會議上報告，是大陸開會文化的特色之一，多少含有敬老尊賢的意味與地區性的分配考慮，充滿人情味，沒有定規與討論，全憑報告人各顯神通，有形式上的榮寵，而缺乏實質上的雙向溝通。

真正的論文宣讀分成A、B、C、D四組舉行，除參觀節目外，共分四場，每場均設兩位召集人，場場宣讀的論文少則七篇，多則九篇，堪稱濟濟一堂，所以每人的報告時間僅有十分鐘，相當緊湊，但若召集人控制時間得宜，也能發揮討論的功效。筆者曾遊走各組，瞭解若干組的一些討論，進行得相當不錯，具備高度的學術水準。

要想對130篇論文做個簡單的介紹，事實上不可能，也太佔篇幅，所以在此僅能從幾個不同的角度，並參考與會者公開表達出來的意見，做一番非全貌性的「掃描」：

（一）因本次討論會的主題標誌著「近代化」，所以論文的題目除了與孫中山直接有關者外，幾乎一大半均冠上「近代化」的字眼，可謂集海內外「近代化」之大成；不過，也有少數幾篇偏離主題。

（二）在大陸討論現代化，類似改革開放一樣，仍然是個大熱門，所以無論執筆為文或宣讀討論，容易陷入下列三種截然不同的模式：

1. 一切往現代化的框架去套，把現代化變成「科學性」、「合理性」、「正當性」的堂皇藉口；

2. 對現代化不斷「拔」高，認為孫中山早有很好的現代化理論，系統完整，只要按部就班就可以實現；

3. 認為孫中山的思想根本扯不上現代化的理論，一切都是後人為了趕時髦，因緣附會強加其身。

（三）會中有一組專談孫中山與外國的關係，諸如中美、中日、中俄、中法、中德等，是一項新穎而重大的收穫，值得再深入探討。

（四）會中也有一組專談孫中山與華僑及會黨的關係，可惜多是一些老生常談，在資料與方法上亦較缺乏突破。

（五）在討論過程中，當然也出現了一些歧見，例如民生主義的內在矛盾，近代化設計的可操作性，以「統戰思想」新詞彙加諸孫中山身上是否合適等大大小小問題。

（六）由於會議頻率太高，現代化幾乎氾濫成災，不可避免地炒冷飯的舊題目居多，而有創意，能發掘新材料，並提出深度解釋的高水準論文，相對較少。

印象難忘的參觀活動

一般而言，參加研討會，除了紀念性並藉此以文會友之外，多少也抱有「讀萬卷書，行千里路」，藉機參觀名勝古蹟的願望。這次有幸到孫中山的故鄉開會，當然也希望得償遊覽與孫中山有關的勝蹟的

宿願。

　　因此，在緊湊的節目之外，我儘量
抽空，利用各種機會與管道，展開一系
列的參觀活動，以增廣見聞。本文的目
的，不在報導參觀的所見所聞，所以僅
做一簡略交代：

　　1. 利用休息時間，與李玉貞、舍
　　　維廖夫一齊參觀孫中山故居與
　　　孫中山故居紀念館。

　　2. 在中山市孫中山研究會副會
　　　長李伯新先生的導覽下，與一
　　　群中日學者，參觀中山紀念中
　　　學、孫眉墓、陸皓東墓園及翠
　　　亨村的馮氏宗祠（孫中山上私塾
　　　處）、陸皓東和楊心如等人故
　　　居。

筆者與李玉貞、舍維廖夫（石克強）在
孫中山故居前合影

筆者與石克強在孫中山故居紀念館前留影

陸皓東故居

翠亨村

陸皓東烈士墳場

與魏萼教授在珠海

3. 在林家有教授陪同下，與魏萼
   教授專車到珠海特區一遊，參
   觀這個新興的經過規劃的既富
   裕又美麗的城市。

4. 在大會安排下，全體參觀了中
   山市，對這個全中國唯一的花
   園城市的市政建設，留下深刻
   的印象。

5. 回廣州之後，在黃彥、林家
   有、李吉奎等好友陪同下，遊
   覽了聞名已久的黃花岡七十二
   烈士墓、中國國民黨一全大會
   舊址、越秀山公園、中山紀念
   堂等名勝。

參觀孫文紀念公園
左起：寶成關、陳三井、關捷

參觀興中園，左起：胡春惠、耿雲志、尚明軒、
山田辰雄、陳三井

雖然受到時間的限制，仍然留下不能盡窺廣東勝蹟全貌的缺憾，但已算不虛此行！

結尾的話

　　負責綜合評述的中國社會科學院近代史研究所所長張海鵬先生，認為此次討論會氣氛熱烈、和諧、成功，他給130篇論文整體打了七十五分，或許稍嫌寬厚，帶有鼓勵性，但雖不中亦不遠矣！

　　說過「歷史是劃上句號的過去，史學是永無止境的遠航」這句不朽名言的華中師大章開沅教授，對類似紀念孫中山這種「紀念史學」的討論會，曾語重心長地提出幾點懇摯的意見，值得海內外同行一齊分享共勉：

（一）領域要拓寬

　　要把孫中山放在整體人類歷史的大脈絡中更廣闊的領域裡去做比較，才能為孫中山找到更恰當的定位。

黃花崗七十二烈士墓前

中國國民黨一全大會舊址

（二）更勤奮地去挖掘史料

不要把研究孫中山，由「顯學」變成「險學」（意指降低水準），應不斷去挖掘新材料，從資料中去尋找新的解釋，增加歷史的深度。

（三）尊重歷史，超越歷史

真正的史學不僅屬於全民族，更且屬於全人類。嚴酷的現實教育我們，不能忘記歷史，也不容許竄改歷史。而做為歷史學家，更應該捍衛歷史的真實，維護歷史的尊嚴。所謂超越歷史，就是不要受陳舊歷史眼光的局限，更不要因襲過去歷史所造成的各式各樣的偏見和誤解。

俗云：「文章千古事，不怕先生，怕後生」，「紀念史學」若辦理得好，大家嚴肅以待，未嘗不可以在精神和物質兩方面推動並激勵素來不甚受重視的史學研究，不斷提升研究水準，有朝一日同樣可以留下紮實而有知識累積貢獻，並垂之久遠的耀眼成果！

（原載《近代中國史研究通訊》，23 期，頁 11~16，民國 86 年 3 月）

「紀念史學」的登峰造極
——「第二屆周恩來研究國際學術討論會」側記

前言

中國是個名符其實的「史學大國」，從紀念性的史學研討會（談人物的有孫中山、嚴復、蔡鍔、劉銘傳、虞洽卿等；講歷史事件諸如北伐、九一八、西安事變、南京大屠殺、抗戰等）之綿延不斷，接二連三的召開舉行，便可得到證明。

面對史學可能淪為「紀念史學」的質疑，筆者曾認為，「紀念史學」也有其積極正面的意義，因為它參與面比較廣，影響層面自然較大，所獲得的資源也比較豐富，因此它一方面同樣可以發掘年輕後起之秀，協助年輕人成熟；一方面可以推動史學研究，提升研究水準。註1 換言之，「紀念史學」若辦理得好，大家嚴肅以待，未嘗不可以在精神和物質兩方面推動並激勵素來不甚受重視的史學研究，不斷提升研究水準，有朝一日同樣可以留下紮實而有知識累積貢獻，並垂

31

之久遠的耀眼成果！[註2]

　　周恩來是中共方面僅次於毛澤東的重要歷史人物，今年3月5日適逢他的百歲誕辰，為了慶祝他誕生一百周年，天津南開大學繼1988年10月18日首次舉辦「周恩來研究國際學術討論會」[註3]之後，復與天津市政府聯合主辦了「第二屆周恩來研究國際學術討論會」。在此前後，中國大陸掀起了一陣「周恩來熱」[註4]，黨政軍學一體奉行，締造了「紀念史學」的高峰，其聲勢之浩大，雖不敢說絕後，至少是空前的！

周恩來（五四時期）

洋洋大觀的論文

　　「第二屆周恩來研究國際學術討論會」於2月27日至3月2日，假天津天宇大酒店會議廳及南開大學東方文化藝術系會議廳先後舉行。會議共分六組進行，出席人員在二百五十位左右，依據「論文摘要集」暨「會議手冊」，共提出一四八篇論文（事實上可能有人臨時缺席），無論規模或人數，顯然已超過

周恩來（北伐時期）

1996年11月在翠亨村舉行的「孫中山與中國近代化」討論會。

　　茲依組別，將論文題目與報告人開列如後：

（一）第一組：早期周恩來與領導方法、風格、品德

　　1.周秉宜（國旅實業）：〈周恩來祖父姓名及仕履考辨〉

　　2.李文芳、黃小同（天津市委黨史室）：〈關於周恩來家世研究的幾點思考〉

　　3.王緒周（天津周恩來紀念館）：〈試論周恩來早年所受教育對其影響〉

　　4.李海文（中央黨史室）：〈周恩來與紹興師爺〉

　　5.奧伯（Richard Orb）（南開大學）：〈南開今昔——周恩來與今天的學生以及嚴範蓀的影響〉

　　6.曹應旺（中央文獻室）：〈立乎其大，棄舊圖新——早年周恩

開幕典禮王永祥教授作報告

壯觀的會場

筆者正主持大會發言

33

來志向研究〉

7. 威廉姆（A. P. William）（芝加哥工人階級史研究所）：〈共產主義宣言與周恩來〉

8. 孔繁豐（南開大學）：〈實事求是的光輝例證——介紹周恩來的「旅歐共青團特殊職務議案」一文〉

9. 黃嫣梨（香港浸會大學）：〈周恩來在舊詩中所表現之愛國情懷〉

10. 江沛（南開大學）：〈周恩來倫理化人格初探〉

11. 劉焱（南開大學）：〈論周恩來的領導藝術〉

12. 齊衛平（華東師大）：〈走近周恩來——周恩來偉人魅力探微〉

13. 李亞東（天津市委黨校）：〈運籌帷幄之中，決勝千里之外——談周恩來的決策藝術〉

14. 馮承柏（南開大學）：〈周恩來與馮文潛——兼論周恩來的故人情結〉

15. 曾昭鐸（廈門市委黨史室）：〈周恩來的交友理論與實踐〉

16. 孟憲齡（天津市委黨史室）：〈試論周恩來鄧穎超的婚姻家庭〉

17. 盧再彬（淮陰市委黨史室）：〈論周恩來崇高的愛情風範對晚輩的教育〉

18. 劉濟生（內蒙古畜牧學院）：〈周恩來儀表美探微〉

19. 溫銳（江西師大）：〈試論周恩來的人格魅力〉

20. 崔久恒（中央黨校）：〈青少年周恩來個性世界探析〉

21. 陳三井（台北中研院）：〈周恩來與近代歐洲〉

22. 本部廣哲（京都學園理事長）：
〈周恩來在京都〉

23. 白石亮（國防大學）：〈周恩來
的偉大人格及世界性影響〉

24. 王永祥（南開大學）：〈論青年
周恩來的社會主義觀及其形成
特點〉

25. 齊赫文斯基（S. L. Tikhvinsky）
（俄國科學院）：〈周恩來——
共產國際和聯共（布）〉

26. 鮑世修（軍事科學院）：〈對周
恩來領導風格的哲學思考〉

在會場與陳敬堂（中）、黃嫣梨（右）合影

（二）第二組：周恩來與中國革命（民
主革命時期諸問題、武裝鬥爭和國防）

27. 劉武生（中央文獻室）：〈周恩
來在遵義會議上擁戴毛澤東的
思想基礎〉

28. 蓋軍（中央黨校）：〈周恩來對
中國革命道路理論的貢獻〉

29. 杜魏華（中國社科院）、李英男
（北京外語學院）：〈周恩來與
李立三〉

與出席學者合影，左起：陳敬堂、葉國洪、
齊赫文斯基、陳三井、王永祥、黃嫣梨

30. 陳文蔚（天津師大）：〈周恩來與共產國際〉

31. 陸慶良（南京市委黨史室）：〈周恩來與中共在國民黨統治區的工作〉

32. 鄭德榮（東北師大）：〈維護國際路線，蒙受不白之冤〉

33. 高橋伸夫（慶應大學）：〈建立布爾什維克黨：周恩來與黨的組織（1927～1930）〉

34. 曹晉傑（江蘇鹽城黨史辦）：〈試論周恩來對新四軍和華南抗日根據地的重大貢獻〉

35. 程昭星（海南省委黨史室）：〈周恩來與瓊崖革命鬥爭〉

36. 吳殿堯（中央文獻室）：〈周恩來與中國革命道路的探索〉

37. 金新果（陸軍指揮學院）：〈周恩來與中國農村包圍城市道路的開創〉

38. 李承佑（韓國）：〈第一次國共合作時期周恩來對國民黨右派的認識和鬥爭〉

39. 劉健青（南開大學）：〈論周恩來與陳布雷〉

40. 陳漢初（汕頭市委黨史室）：〈周恩來主政東江時開展掃除社會醜惡現象的鬥爭〉

41. 潘榮（天津教育學院）：〈周恩來與1927年廣州起義〉

42. 賀世友（華東師大）：〈周恩來對確立毛澤東、鄧小平在全黨領導地位的作用和影響〉

43. 趙晉（北京市委黨史室）：〈周恩來在八路軍出師抗日之初的戰略策略思想〉

44. 李蓉（中央黨史室）：〈周恩來與抗日戰爭時期大後方的民主

運動〉

45. 陳全（重慶市委黨史室）：〈南方局時期周恩來的傑出貢獻〉

46. 潘祖培（國家教委會）：〈略論抗日戰爭勝利後及解放戰爭時期周恩來對青年學生運動的影響〉

47. 倪峰（裝甲兵指揮學院）：〈周恩來對毛澤東軍事思想理論的重大貢獻〉

48. 孫以剛（參謀學院）：〈周恩來在解放戰爭中的軍事實踐〉

49. 單秀法（軍事科學院）：〈周恩來在軍事理論和實踐上的獨特貢獻〉

50. 王凱捷（天津市委黨史室）：〈周恩來在三大戰役指揮上的卓越貢獻〉

51. 石法成（塘沽海軍後勤學院）：〈周恩來的人格力量與長征勝利〉

52. 陳國權（黑龍江省委黨校）：〈從黎平會議到毛爾蓋會議——試析周恩來在遵義會議前後的歷史地位與貢獻〉

53. 劉麗瓊（雲南師大）：〈遵義會議上周恩來支持毛澤東原因探析〉

54. 沈建中（上海市委黨史室）：〈論周恩來對舊上海幫會之策略〉

55. 錢躍（海南省委黨史室）：〈周恩來與馮白駒〉

56. 陳志遠（南開大學）：〈有中國特色的政黨觀：周恩來關於民主黨派幾個理論問題的論述〉

57. 威登堡（Rhoda Weidenbaum）（哈佛大學費正清中心）：〈周恩來夫人的早期生涯〉

（三）第三組：周恩來與新中國的經濟建設、政權建設、黨的建設、「文革」和統一戰線問題

58. 陳浩（外交部）：〈周恩來在1946年談判中——學習「周恩來1946年談判文選」〉

59. 顏鳴（南京梅園新村紀念館）：〈縱橫捭闔，通權達變——周恩來在國共南京談判期間的談判藝術〉

60. 陳敬堂（香港中國近代史學會）：〈周恩來在1946年國共談判中的貢獻〉

61. 伊勝利（黑龍江省委黨校）：〈周恩來與中共第一代領導集體的確立〉

62. 霍慶躍（天津運輸工程學院）：〈試論周恩來與中共第二代領導核心的形成〉

63. 張家裕（軍事科學院）：〈周恩來與新中國國防〉

64. 瞿定國（國防大學）：〈周恩來對「抗美援朝」戰爭的重大貢獻〉

65. 何世彪（國防指揮技術學院）：〈周恩來對發展我國尖端科技事業的重大貢獻〉

66. 楊芹（北京市委黨校）：〈周恩來與我國原子能事業〉

67. 楊明偉（中央文獻室）：〈周恩來與中央專門委員會〉

68. 鄭寧（天津社科院）：〈承前啟後的中國社會主義道路探索者——周恩來〉

69. 陳雪薇（中央黨校）：〈為中華之崛起與騰飛——周恩來對建設中國特色社會主義者道路探索的貢獻以及與鄧小平理論形

成的關係〉

70. 徐行（南開大學）：〈試論周恩來的經濟思想及對當前改革開放的啟示〉

71. 陳方（漳州周恩來研究會）：〈周恩來經濟思想與實踐及其主要特色〉

72. 宋易風（陝西省委黨校）：〈周恩來與八大經濟方針〉

73. 蔣仲輝（當代中國研究所）：〈周恩來“三農”一體總體發展思想的形成及意義〉

74. 張洪祥（南開大學）：〈周恩來與新中國城市建設〉

75. 鞏玉閩（漳州市委黨史室）：〈周恩來在「文革」期間的經濟指導思想〉

76. 祁建民（南開大學）：〈周恩來與中國改革開放的先聲〉

77. 劉德軍（山東輕工業學院）：〈周恩來對外經貿思想述評〉

78. 陳東林（當代中國研究所）：〈艱難中開拓：周恩來與文革時期的中國對外經濟貿易〉

79. 魯振祥（中央文獻室）：〈周恩來關於從新民主主義向社會主義過渡思想探析〉

80. 孫萬國（澳洲Monash大學）：〈周恩來與反冒進〉

81. 李竟能（南開大學）：〈周恩來關於中國社會主義經濟建設的主導思想〉

82. 羅駣遜（T. W. Robinson）（喬治城大學）：〈文化大革命初期的周恩來〉

83. 紀亞光（南開大學）：〈論「文革」初期周恩來的處境及其對

「文革」的認識〉

84. 陳揚勇（中央文獻室）：〈周恩來對「文化大革命」的認識和態度〉

85. 李青（中共統戰部）：〈周恩來統一戰線思想研究〉

（四）第四組：周恩來與中國文化、藝術、科技、教育及知識分子問題

86. 焦尚志（南開大學）：〈試論周恩來的戲劇觀念〉

87. 李翔海（南開大學）：〈民族文化精神的光大與升華——論周恩來與中國文化傳統〉

88. 金飄（人民大學）：〈周恩來論文藝家是人類靈魂總工程師〉

89. 常好禮（黑龍江省委黨史室）：〈周恩來與傳統文化論綱〉

90. 王同起（天津師大）：〈周恩來對中國新文化的探索與貢獻〉

91. 王鳳勝（山東省委宣傳部）：〈論周恩來六十年代前期的文藝思想〉

92. 宋厚淳（南開大學）：〈周恩來教育思想初探〉

93. 趙德強（中央教育科學研究所）：〈周恩來鄧小平重視人才和教育的遠見卓識及其共識的基礎〉

94. 勵維志（天津師大）：〈周恩來教育思想的五個基本點〉

95. 張驊（淮安市教委會）：〈周恩來的教育改革思想〉

96. 吳畏（國家教委會）：〈周恩來教育思想永放光芒〉

97. 范碩（軍事科學院）：〈試論周恩來的軍事教育思想〉

98. 卓愛平（合肥炮兵學院）：〈論周恩來在軍隊建設中的貢獻〉

99. 甄小英（中央黨校）：〈周恩來的黨性修養和跨世紀領導幹部

的培養〉

100. 孫欲聲（青海民族學院）：〈論周恩來民主思想的特色〉

101. 任淑艷（天津市委黨校）：〈周恩來的政治信仰與理性實踐〉

102. 盧再彬（淮陰市委黨史室）：〈論周恩來教育思想的時代戰略意義〉

103. 何麗萍（吉林空軍醫專）：〈周恩來對我軍政治工作的貢獻〉

104. 許先春（中央文獻室）：〈周恩來發展觀與西方發展理論的比較研究〉

105. 潘新明（外交部）：〈獨具風采照大千──周恩來書法藝術初探概要〉

106. 崔國良（南開大學）：〈周恩來撰寫幕表劇本「仇大娘」考〉

107. 王惠來（天津師大）：〈周恩來的全面發展教育思想與素質教育〉

108. 蔣華上（南開大學）：〈周恩來關於外語學習的教導〉

109. 宏建燊（新加坡理工大學）：〈略論周恩來文藝活動各時期之角色〉

110. 葉國洪（香港浸會大學）：〈周恩來與中國現代化：民族性、國際性與科學性〉

111. 楊誠（加拿大魁北克大學）：〈一個海外華人心目中的周恩來〉

112. 龔育之（中央黨史室）：〈周恩來和建國以來黨的知識分子政策〉

113. 石仲泉（中央黨史室）：〈周恩來──二十世紀中華民族的又一歷史偉人〉

（五）第五組：周恩來與世界

114. 里夫林（M. Z. Rivlin）（哥倫比亞大學）：〈周恩來在中美關係
　　　中的作用〉

115. 米鎮波（南開大學）：〈周恩來為爭取156個大型建設項目所
　　　開展的對蘇聯外交〉

116. 趙學功（南開大學）：〈周恩來與日內瓦會議〉

117. 謝益顯（外交學院）：〈周恩來外交思想和實踐的重要歷史地
　　　位〉

118. 陳嘉定（美國）：〈周恩來和二十一世紀的中國外交〉

119. 劉建平（中央文獻室）：〈周恩來與中日邦交的恢復〉

120. 陳答才（陝西師大）：〈周恩來與中日民間外交〉

121. 韓召穎（南開大學）：〈周恩來與中美文化關係〉

122. 郝祥滿（南開大學）：〈周恩來與建國後的中日文化交流〉

123. 王國學（哈爾濱工程大學）：〈周恩來與建國初期的中英關
　　　係〉

124. 邵漸宏（中央組織部）：〈周恩來與中美關係〉

125. 田所竹彥（日本寧都宮大學）：〈周恩來——世界為何理解
　　　他？〉

126. 韓榮璋（中國社科院）：〈周恩來的外交戰略〉

127. 李連慶（外交部）：〈論周恩來的求同存異外交思想和政策〉

128. 裴默農（中國國際問題研究所）：〈周恩來開創世界外交新紀
　　　元〉

129. 熊華源（中央文獻室）：〈試析周恩來與新中國外交局面的打

開與拓展〉

130. 張光佑（外交部）：〈周恩來外交思想與實踐初探〉

（六）第六組：周恩來與港澳台、中國少數民族問題及其他

131. 劉晶芳（中央黨校）：〈周恩來與接收香港國民黨機構和資產的鬥爭〉

132. 吳祥華（上海市委黨史室）：〈「一國兩制」思想的正確先導──試論周恩來1957年上海發表的關於香港問題的講話〉

133. 吳小寶（南京梅園紀念館）：〈周恩來為和平解決台灣問題所作的重要貢獻〉

134. 劉正英（廈門市委黨史室）：〈周恩來為解決華僑雙重國籍問題所作的貢獻及其意義〉

135. 黃順通（廈門市委黨史室）：〈從與愛國僑領的交往看周恩來對僑務工作的貢獻〉

136. 祁若雄（新疆維吾爾自治區黨委黨史室）：〈周恩來對民族區域自治制度的重大貢獻〉

137. 榮寧（青海民族學院）：〈論周恩來與鄧小平的民族經濟思想〉

138. 朱培民（維吾爾自治區黨校）：〈周恩來與新疆〉

139. 張旭凱（維吾爾自治區黨委黨史室）：〈論周恩來的民族思想〉

140. 鄧惟賢（台北大雁出版社）：〈試論周恩來的歷史地位〉

141. 郭思敏（中央文獻室）：〈周恩來研究的回顧與展望〉

142. 周一平（華東師大）：〈周恩來研究史論〉

143. 任貴祥（中央黨史室）：〈論周恩來對僑務工作的貢獻〉

144. 廖心文（中央文獻室）：〈周恩來對和平解決香港問題的歷史貢獻〉

145. 周爾鎏（南開大學）：〈偉大的歷史感召〉

146. 李琦（中央文獻室）：〈關於周恩來研究的幾個問題〉

147. 力平（中央文獻室）：〈試談周恩來的歷史定位〉

148. 迪克‧威爾遜（Dick Wilson）（英國記者作家）：Motivations of Zhou Enlai During His Political Career

會後感言

要想對四天全部一四八篇的論文做一簡單的介紹，限於篇幅，事實上極不可能。在此，僅能就一些印象深刻的事情，談談會後雜感。

大會很想把討論會辦成一個國際性的學術研討會，所以邀請了不少各國的學者專家出席，「論文摘要集」與「會議手冊」均採中、英文並行的方式。在大會發言時，並備有螢光幕打出影像和字幕，顯現科技的現代化。惟中外學者交流不夠，論文不是人手一冊，發表時間沒有嚴格限制，這是會議美中不足之處。

筆者被分在第一組，始終參加該組的討論，覺得該組的發言與討論很熱烈，態度也很客觀，與開幕式同一「口徑」的致詞並不相同，頗能發揮真正「以文會友」，相互切磋的效果。

最後，歸納幾點雜感如下：

（一）周恩來的定位和神化

　　從中國共產黨的高層領導的談話到各種文獻資料，我們看到對周恩來的歷史定位，已有千篇一律、蓋棺論定式的結論：「周恩來是偉大的馬克思主義者，黨和國家主要領導人之一，偉大的無產階級革命家、政治家、軍事家和外交家。周同志的一生是輝煌的一生。他為中國人民解放軍和社會主義建設的卓越功勳，他崇高的精神和人格，豐碑似地屹立在中國共產黨和中華民族的歷史上，深深地銘刻在中國各族人民的心裡。」

　　雖說1978年中共第一次思想解放衝破了「個人崇拜」[註5]，但對周恩來的「造神」運動似尚未停止，而「紀念史學」提供了最直接的工具。

（二）紀念史學」的相呼應

　　我們在148篇論文中，看到不少題目在用字遣詞上，用「偉大的」、「崇高的」來形容周恩來人格的魅力和特質，以「傑出的」、「卓越的」、「重大」的字眼來描繪周恩來的各項貢獻，在內容上更不斷出現「不世出」、「不可多得」等評價，這是搞「個人崇拜」的「造神運動」，不是科學性的歷史研究。何況若先有結論，何必再做研究呢？

（三）與會人員的特色

　　觀這次會議出席名單，大陸一般高校所佔的比例並不高，而以中共中央文獻研究室、中共中央黨史研究室、中央黨校暨全國各省市委黨史研究室暨軍事機構人員為主，他們的特點是理論素養高，對周恩

來的文獻及相關資料如數家珍，談起來頭頭是道，較感不足的可能是學術會議的交流經驗以及對一般社會科學的涉獵。

（四）在天津舉行的「第二屆周恩來研究國際學術討論會」

依筆者愚見，無論在形式上或內容方面，可以說締造了「紀念史學」的高峰。當然，「紀念史學」並非一無是處，並非沒有好文章，並非完全缺乏有意義的對話。「一步一腳印」，只要努力過，同樣應該獲得肯定，同樣對史學永無止境的遠航做出貢獻。

（原載《近代中國史研究通訊》，26 期，頁 15~23，民國 87 年 9 月）

註1： 綜合座談發言，參閱《中華軍史學會會刊》，期2，《紀念北伐七十週年專號》（台北：中華軍史學會出版，民國86年5月），頁755。

註2： 陳三井，〈群英會翠亨──「孫中山與中國近代化」國際學術討論會追記〉，《近代中國史研究通訊》（台北：中央研究院近代史研究所），期23（民國86年5月），頁16。

註3： 會後出版有《中外學者論周恩來》論文集，由劉焱主編，1990年6月南開大學出版，全書618頁。

註4： 「周恩來熱」除了從中央到地方的慶祝性會議和展覽外，最主要的有二：一為天津新建的「周恩來鄧穎超紀念館」於1998年2月28日落成開館。二為有關周恩來傳、年譜、文集與各項著作的出版。中共中央文獻出版社出版了四冊完整的《周恩來傳》（1898～1976），三卷的《周恩來年譜》（1949～1976），並與南開大學出版社增訂再版兩冊的《周恩來早期文集》。天津人民出版社出版《周恩來與天津》，人民美術出版社出版《偉人周恩來》兩種巨型畫冊。此外，各機關和坊間出版的專著，不下二、三十種之多，在此無法一一列舉。

註5： 馬立誠、凌志軍著，《交鋒──當代中國三次思想解放實錄》（台北：天下文化公司，1998年6月），引言，頁10。

勤工儉學尋根之旅

民國初年的留法勤工儉學運動，曾掀起一場全國性的留學風潮，並產生諸如周恩來、鄧小平等許多中國共產黨重要領導人物。而今，當年曾參與此一活動的人物早已凋謝殆盡；幾處留法預備學校等舊址也大多面目全非，而不復記憶。作者親自走訪幾處與勤工儉學運動相關的舊址，並透過寶貴的口述訪問資料，為我們追溯勤工儉學運動的點滴。

（《歷史月刊》編者按語）

楔子

　　二月梢三月初，在北國仍是個春寒料峭的季節。筆者趁到天津開會之便，做了一趟勤工儉學的尋根之旅。留法勤工儉學由李石曾、吳稚暉、蔡元培等人所共同發起，倡議於民國初年，盛行於歐戰結束之後，是一項鼓勵家境不富裕的年輕學子到法國「勤以作工，儉以求學」的留學活動。曾掀起一場全

攝於南開創辦人嚴修（範孫）雕像前

周恩來為南開的題字：「我是愛南開的」

國性的留學風潮，結果產生周恩來、
鄧小平、蔡和森、趙世炎、陳毅、李富
春、李維漢、李立三、王若飛、徐特立
等眾多中國共產黨領導人物。

　　勤工儉學的根分布在北京、天津、
保定、長沙、上海、重慶、成都、廣
州、無錫等地，天津的「覺悟社」和長
沙的「新民學會」無疑是他們思想訓練
與整合的場所，各地的留法預備學校和
華法教育會分會則是他們學習粗淺法文
和簡單勞動技能，整裝待發的大本營。
時隔八十年後，「覺悟社」和「新民學
會」早就風雲流散，不復存在，而幾處
留法預備學校的舊址，在時代巨輪的衝
擊下，不是變得面目全非，便是殘瓦頹
壁，不禁令人有滄海桑田的唏噓之感！

周恩來在天津

　　周恩來（1898～1976）是天津南開
學校的校友，他的青年時代基本上是在
天津度過的。據說，周在校時便風度翩
翩，神采奕奕，舉止安詳，言談不苟，

加上他勤奮好學和各項傑出表現，頗贏得師輩們的賞識和同學們的愛戴。周恩來又與郭隆真、張若名等創辦天津五四運動的領導核心——「覺悟社」，後來並一齊赴法勤工儉學。周在中共建政後擔任總理期間，一有機會便到天津視察，並回南開看望。1976年周死後，其部分骨灰便撒在天津。由此可見，周恩來雖非原籍天津，但與天津是有深厚感情的，他曾親切地稱天津是他的「第二故鄉」，他也說過「我是愛南開的」！

為了紀念周恩來，1978年3月5日在天津南開學校他讀書的東樓舊址，首先成立了「周恩來青年時代在天津革命活動紀念館」，紀念館樓內復原陳列有東四講室和理化講室，是周恩來上課的教室和開展社團活動的場所，重現了當年面貌。樓上的專題陳列，展出大量的珍貴文物、文獻資料和歷史照片，回顧了周恩來青年時代在天津上中

攝於「周恩來青年時代在天津革命活動紀念館」前，左起：王永祥、陳三井、王緒周。

學，留學日本、回國參加五四運動，赴法勤工儉學進行革命活動的歷程。其中展出最珍貴的有周恩來編寫的〈警廳拘留記〉和〈留學日本日記〉的手稿。

南開大學於1997年6月正式成立「周恩來研究中心」（其前身則為周恩來研究室），以王永祥教授為主任，米鎮波、徐行兩位副教授為副主任，其宗旨在組織校內各單位有志於周恩來研究的教職員和研究生，共同致力於「周恩來學」的學術研究和資料搜集、整理工作。在以往的基礎上，南開大學出版了《周恩來早期文集》（中心學術委員會主任劉焱編、上下兩卷），將〈警廳拘留記〉收入其中，而〈留日日記〉則不在內。在南開校園內，也塑有周恩來的全身雕像並建有紀念碑一座。

為了隆重紀念周恩來的百歲誕辰，新建的「周恩來鄧穎超紀念館」則於1998年2月28日落成開館。紀念館位於天津風景秀麗的水上公園北側，占地6公頃，建築面積達7,150平方公尺，是一座結合傳統與現代，集文物展覽、

在「周恩來鄧穎超紀念館」開館典禮上，
與黃嬌梨教授合影

社會教育和學術研究等多功能於一體的大型建築。該館展示部門包括瞻仰廳、生平廳、情懷廳三部分，透過令人印象深刻的動靜態設計，相當完整而全面的展示出周恩來多采多姿的一生。周恩來在南開中學求學時所使用的小課桌，也從「周恩來青年時代在天津革命活動紀念館」搬來參加展出。

保定育德中學舊址

在天津、北京各停留數天之後，筆者先到石家莊市（現為河北省會），訪問河北師範大學，再與河北省博物館研究員鄭名楨會合，由石家莊搭車到了保定，主要是尋訪保定育德中學留法預備班的舊址。

育德中學位在保定西關，距火車站不遠，現址改名新華路三號，大部分已改建為保定飯店，雖名為河北省文物保護單位，卻只剩下保定市政府於1993年7月15日所立的一塊碑為記，碑文如下：

育德中學（紅字）。1907年，陳幼雲等十三名同盟會會員，創建私立育德中學。辛亥革命前，育中是中國同盟會在保定的秘密活動場所。1917年，育中首創「高等工藝留法預備班」，我黨老一輩無產階級革命家劉少奇、李富春、李維漢等都曾在此就讀。現存幼雲堂及原教室一排。1983年，在舊址內修建「留法勤工儉學運

保定育德中學舊址與碑文

53

動紀念館」。

　　按陳幼雲（兆雯），世居河北蠡縣潘營村。1903年入保定直隸師範，同年秋，自費東渡日本，入弘文學院念書。期間，他參加了中國同盟會。1906年回國，受孫中山之託，在保定北關崇實中學任理化教員，以教學為掩護，秘密發展組織，創建同盟會河北分會。後因志趣不同，在崇實難圖發展，遂聯合同仁將西關訥公祠小學拓建成保定育德中學。校中教職員工多係同盟會會員，對於進行革命活動非常便利，育德中學遂成為同盟會會員集會之所，陳幼雲亦成為華北革命的中心人物。其後，陳氏積勞成疾，不幸於1909年夏病故，會事改由接任校長郝仲清主持。後人為了緬懷這位革命先驅，遂於1936年在育德中學入口處建立一座祠堂──幼雲堂，以表紀念。

　　據第一批赴法儉學生彭濟群回憶：「育德中學附設的留法勤工儉學預備班，創辦於1919年夏秋之交。當時校長是王喜增（號國光，河北高陽縣人），

保定育德中學幼雲堂

對留法勤工儉學很熱心，在預備班開設之前，他曾請蔡元培、李石曾到校演講。我去育德中學時，預備班早已開辦了。在班上教法文的是曾在巴黎豆腐公司做工的李廣安（光漢），教數學的是劉仙洲（後出任清華大學副校長），還有一位教國文的孫君。學生除了學習法文、數學外，還要學做一些簡單的手工活。」

再據育德中學十一班學生王蔭圃補充回憶：「留法預備班開辦前，李石曾、蔡元培等人曾由北京專程到保定，與王國光（校長）磋商在育德中學開辦留法勤工儉學會附設高等工藝留法預備班的事宜。育德中學也辦鐵工廠，工廠除了供留法預備班的學生實習外，中學班的勞作、手工課也在工廠上。我們班曾做過網球拍，由保定西關一個體育用品商店派了一位師傅來教我們。當時保定師範有位學工的美國教員叫法斯特，聽說育德中學辦了鐵工廠，便贈給學校幾台機器。所以，育德中學的鐵工廠，也曾叫法斯特鐵工廠。」

校長王國光對留法預備班的籌辦過程，有較完整的追憶。他這樣說：

有一天，李石曾到育德中學參觀學生作工，我請他給學生講話。他講留法勤工儉學的辦法，不需要家裡供給費用，就能在法國留學，學他們的機械學和各種科學。學生們大受感動，立刻就要實行。他說：「要先預備，學法文，學鐵工，預備一年再去。」醞釀籌備了一個時期，到1917年就由李石曾、蔡元培委託育德中學開辦一個「留法勤工儉學高等工藝學校預備班」（簡稱留法預備班），並由華法教育會補助一些經費。

王校長繼續回憶說：

預備班的第一班主要是由本校畢業生四十人組成，聘請由法國回來的李廣安當法文教員，保定甲種工業學校某教員兼任機械教員。另設木工鐵工實習，教學生練習工作技能。……預備班前後共辦了四班，第一班主要是育德中學畢業學生，第二班湖南省的學生最多（如李維漢、李富春），當時有「湖南班」之稱，第三、四班又多是育德中學畢業的，全數約一二○人，都是由李石曾聯繫坐法國船四等艙送往法國。……學生中如周發歧、路三泰、趙信之、王道宣、齊雅堂、陳汝昌、李清泉等，有的得了博士學位，有的學有專長，回國後分別在大學、科學院和工廠服務。

留法勤工儉學運動紀念館

留法勤工儉學運動紀念館，位於保定市金台驛街原保定育德中學舊址，於1983年2月建立。它的建立，除了李石曾的個人因素與保定育德中學的地緣關係外，還有一段並非偶然的故事。早在1978年，河北省博物館、保定地區文化局和高陽縣文教局的部分熱心人士，即開展了對留法勤工儉學運動文物史料的收集和整理工作。以兩年時間踏遍北京、天津、上海、湖南、遼寧、浙江、福建等省市，走訪了一百多位留法勤工儉學生、老華工和與勤工儉學運動有關的見證人，調查了華法教育會、留法預備學校等十幾處舊址，收集到大量資料、照片和實物，並於1981年5月首在高陽縣舉辦了「留法勤工儉學簡史展覽」。復於同年8月在北京中國革命博物館公開展出，其後並在留法

勤工儉學運動人數較多的湖南、四川、河北、廣東、江蘇、上海等省市巡迴展出，受到各界廣泛的歡迎和好評。俟「留法勤工儉學運動紀念館」建立後，這些珍貴的歷史照片和翔實資料總算找到良好的歸宿，得以長期保存、陳列，紀念館也因獲得這批材料而充實內容，兩者可謂相得益彰。

　　紀念館的主體建築，是一座典型的清末時期磚木結構的四合院。大門坐西朝東，是一個青磚、布瓦、黑色木板門的古式門樓。門楣上掛著一方白地紅字匾額，上書「留法勤工儉學運動紀念館」十一個大字。踏上石階，穿過門樓，步入滿是青磚墁地的四合院。院子中間那座面闊三間的過廳，把一個四合院隔成前後兩部分，過廳的兩邊與前後院相通。這一組小建築群，規模雖說不大，但嚴整對稱，一水兒的青磚瓦房，楠木色的門窗，清潔明亮。南北瓦房原是育德中學的教務處所，現已闢為紀念館的展廳。後院西房的門楣上有一方白色大理石匾額，上面刻有「幼雲堂」

2006年8月23日重訪保定留法勤工儉學運動紀念館合影。左起：該館講解員張淑敏、陳三井、孫若怡、該館辦公室主任謝偉。

三個金色楷書大字，這是育德中學創建人陳幼雲的祠堂。堂內正面牆上有陳幼雲的瓷質遺像，遺像的面部在文化大革命中被砸掉了一大塊。遺像下面的白色大理石的功德碑上，刻著陳氏的生平事蹟。「幼雲堂」的西南原是育德中學的校長辦公室，現為紀念館辦公處所。院內松柏蒼翠，花木繁茂，碑石矗立，頗能令人激發思古之幽情。紀念館目前正在整修復建，聞九月間可以重行開館，屆時便可一覽全館新貌。

布里村留法工藝學校

3月7日清晨，在鄭名楨、王會田（留法勤工儉學運動紀念館館長）兩位先生陪同下，由保定驅車前往高陽縣，尋訪布里村留法工藝學校舊址，車行約一個半小時。布里村當年是留法預備學校的第一家，具有示範作用。如今僅剩下校門及部分圍牆，教室已為個體戶所霸佔，手工機器正軋軋作響，暫住戶對於我們的突然造訪，感到一臉茫然。周遭

布里村留法工藝學校校門

環境髒亂不堪，景象淒涼，名義上是個省保單位，看來已淪為三不管地帶。

　　據原布里村學校校董段子均暨法文教員齊連登口述，布里村原屬蠡縣，今屬高陽縣。當年李石曾為何要在布里村設立留法預備學校，原因有三：

（一）高陽縣自1908年第一批豆腐公司工人赴法至歐戰爆發，幾乎每年都有人去法國做工。他們到法國之後，經常給家鄉的親朋寫信，介紹在法國的生活、勞動和學習情況，使高陽人感到法國並不那麼遙遠，出國也不那麼可怕，去法國不失為一條謀生之路；

（二）學習法語需要懂法語的教員，豆腐公司回高陽探親的工人中，有的經過工餘夜校學習，已比較熟練地掌握了實用法語，正適合擔當此任；

（三）布里村有一批熱心為民眾教育盡力的人士，如段宗林（子均）、段宗桐（琴航）、段萬慶等，加上該村的水陸交通都比較方便。

　　布里村留法工藝學校初期曾借用民房上課，既不方便，也不夠用，鐵工廠就因沒有合適的地方，遲遲沒能成立，學生也無法進行工藝實習，達不到學習工藝技術的目的。後來採取了賣彩票、演戲（齊如山邀請梅蘭芳、姜妙香等公演）籌款的方式，才解決了新校舍的經費問題。

　　學校自1917年開辦，共招生三期，至1920年夏第三期學生畢業後，因法國經濟凋蔽，留法勤工儉學的形勢急轉直下，布里村工藝學

校遂停止招生，培養勤工儉學生的任務至此宣告結束。在校中曾擔任教員的有沈宜甲（幾何）、蔡和森（國文）、齊連登（法文）。

後話

　　回首來時路，從舊址廢墟中去尋找挖掘歷史的根，從芸芸眾生中去做田野調查與口述訪問，再譜一支扣人心弦的樂章，重建一頁光芒四射的史篇，應也是史學家責無旁貸的使命！

（原載《歷史月刊》，125 期，頁 72~77，民國 87 年 6 月）

「中國城市史發展與社會經濟學術研討會」紀實

前言

　　上海社會科學院為慶祝該院成立四十週年，特自1998年9月中旬起舉辦一系列的國際學術研討會，首先開鑼的是「二十世紀中國社會結構變動與中日關係研討會」，繼之於9月21日至23日合併舉行「中國經濟史學會第四屆年會」暨「中國城市史發展與社會經濟國際學術研討會」。

　　城市史的研究在中國大陸方興未艾，是歷史學家與經濟學家共同感興趣的課題，因為城市化常被看作是現代化的一個重要指標。為了配合中國的改革開放，也為了突顯上海在中國城市發展中的龍頭地位，上海社會科學院在張仲禮院長主持下，過去十年間已先後召開了三次與城市史有關的國際學術研討會。第一次是1988年9月，由上海社科院與美國美中學術交流委員會、美國社會科學研究理事會共同舉辦的「近代上海城市研

攝於上海社會科學院前

贈送張仲禮院長紀念牌，坐者為熊月之所長

會場一瞥

究」國際學術討論會，會後出版了《上海：通往世界之橋》（Shanghai: Gateway to the World），兩輯。[註1] 第二次是1993年8月，由上海社科院、美國加州大學柏克萊校區與康乃爾大學三家聯合發起的「城市進步、企業發展和中國現代化」國際學術研討會，會後出版了《城市進步、企業發展和中國現代化（1840～1949）》論文集。[註2] 第三次是1996年8月，由上海社科院歷史研究所、經濟研究所和上海史研究中心共同召開的「近代中國城市發展史」國際學術研討會，會後出版了《中國近代城市企業、社會、空間》論文集。[註3]

議程安排

因是兩會合併，故分兩階段舉行。第一天有經濟學家與歷史學家共聚一堂。第二天起則兵分兩路，在不同的地點上演不同的戲碼。除三篇專題報告外，全部共六場，宣讀二十六篇論文。茲誌全部議程如下：

（一）九月二十一日

開幕式

地點：上海社科院小禮堂

專題報告　主持人：經君健

吳承明（*中國經濟學會會長*）：近年來中國經濟史研究的
狀況和存在問題

高家龍（Sherman Cochran，*康乃爾大學*）：美國的中國企
業史研究

張仲禮（*上海社科院*）：關於中國近代城市發展問題研究
的回顧

第一場　主持人：陳絳（*復旦大學*）

高家龍：全球化和本土化：五洲大藥房在中國

黃漢民（*上海社科院*）：口岸通商與長江沿岸城市工業的
發展

王業鍵（*中研院*）：清代中國氣候變遷、自然災害與糧
價的一個初步考察

李一翔（*上海社科院*）：1922-1931年重慶申匯市場的
價格變動趨勢

評論人：黃逸平（*華東師大*）、杜恂誠（*上海社科院*）

第二場　主持人：濱下武志（*東京大學*）

陳錦江（*美國加州西方學院*）：榮宗敬及上海商業交易
所：是投機還是企業精神？

鄭會欣（*香港中文大學*）：中國建設銀公司的創立

趙德馨（中南財政大學）：華僑與廈門城市現代化

評論人：徐鼎新、潘君祥（上海社科院）

第三場 主持人：凌耀倫（四川大學）

濱下武志：口岸網絡與香港、上海腹地比較

沈祖煒（上海社科院）：近代沿江城市的商業和埠際貿易

張忠民（上海社科院）：長江沿江城市週邊農村非農產業研究

鄭學檬（中國經濟學會副會長）：中國傳統市場與市場經濟的若干問題

評論人：虞和平（中國社會科學院）、朱蔭貴

（二）九月二十二日

（1）中國經濟史學會第四屆年會

地點：華東大酒家

上午 學會會務報告（經君健）

分組討論、理事改選

下午 第一屆理事會

分組討論

1. 古代中國城市發展

2. 近代中國城市發展

3. 現代中國城市化問題

4. 外國經濟史中的城市

（2）中國城市發展與社會經濟國際學術討論會

地點：社科院學術報告廳

第三場　主持人：唐振常（上海社科院）

瓦格納（Rudolf Wagner，*海德堡大學*）：危機中的申報：國際大環境與郭嵩燾之案（1878～1879）

梁元生（*香港中文大學*）：體制中的變革：清末上海的局

周　武（*上海社科院*）：晚清上海市政演進與新舊衝突──以城市照明系統和供水網絡為中心的分析

許　敏（*上海社科院*）：近代上海戲劇改良與新劇

評論人：斐宜理（*哈佛大學*）、楊立強（*復旦大學*）

第四場　主持人：劉其奎（*復旦大學*）

斐宜理（Elizabeth Perry）：從巴黎到東方巴黎再到巴黎──作為現代化上海市民的工人

葉凱蒂（*海德堡大學*）：哪兒是上海？十九世紀的上海地圖與城市形象的爭奪戰

熊月之（*上海社科院*）：民國時期關於上海城市形象的議論

承　載（*上海社科院*）：當代上海衛星城鎮的興建與發展

評論人：古廐忠夫（*新瀉大學*）、葉文心（*柏克萊大學*）

第五場　主持人：葉文心

陳三井（中研院）：近代上海人的消費習性與經濟
發展

陸文雪（上海社科院）：近代城市食品衛生管理的
一個範例——上海工部局個案

羅蘇文（上海社科院）：長江幹流沿岸城市的市政
建設與規劃

馬學強（上海社科院）：空中交流與長江沿岸城市
的聯繫

評論人：黃美真（復旦大學）、葉凱蒂（海德堡大
學）

第六場　主持人：斐宜理

潘　光（上海社科院）：近代以來香港、上海的猶
太集團

張　劍（上海社科院）：長江沿岸城市：滬、寧、
漢、渝近代科技發展考察

黎志剛（澳洲昆士蘭大學）：中山商人的商業網絡

李培德（港大亞洲中心）：香港華商研究的歷史呼
聲

評論人：李華興（上海社科院）、蔡建國（日本國際
情報大學）

（三）九月二十三日　參觀活動

重要內容與特色

在開幕式之後的三篇專題報告中，以中國經濟史學會長吳承明和上海社科院院長張仲禮的報告，最值得注意。

吳承明指出，從1986年至1995年的十年間，大陸有關經濟史方面的成果，共出版了二千多本專著，發表了一萬五千七百篇論文，超過過去五十年的總和，其中以明清史最為熱門，約佔40%。在近代方面，有關帝國主義侵略的解釋、對洋務派的看法以及對國民黨政策的評價，都出現了許多新觀點。目前研究領域逐漸擴大，新課題不斷湧現，正朝向人口與移民、歷史地理與生態變遷、邊疆與少數民族經濟、大城市與衛星城鎮的發展等幾個主要面向推動。

張仲禮除總結中外研究城市史的業績外，並特別介紹了《近代上海城市史研究》、《近代重慶城市史》、《近代武漢城市史》、《近代天津城市史》、《東南沿海城市與中國近代化》五本劃時代的城市史新著，而且透露了上海社科院正在進行一項「九五」規劃重點項目——「長江沿江城市與中國近代化」。這一課題以上海、鎮江、揚州、南京、蕪湖、安慶、九江、漢口、岳陽、沙市、宜昌、重慶等長江沿江城市在近代的發展歷為研究對象，從各沿江城市在近代對外開放以後所發生的城市結構變遷和城市功能發展著手，分析在社會、經濟、文化非均衡發展情況下，上海城市的開發與發展和沿江城市的聯動關係，進而探討沿江城市在中國近代化過程中的地位和作用。本課題將進一步分析從沿海城市到內地城市和農村的集聚和輻射的雙方效應，如何在沿江城市間層層傳遞。從上海到沿江城市，從各沿江城

市到各自的腹地，資金、技術、人才、原材料以及文化質變、社會變革等等方面都存在縱向和橫向的集聚和輻射關係，這些關係構成了長江流域近代化歷史過程的全景圖。

因為有這些課題的推動，所以我們看到本次研討會與過去三次城市史討論會有別，它不但不以上海為限，而且並非以政治軍事史為主，以上海社科院青壯派學者，諸如黃漢民、沈祖煒、張忠民、羅蘇文、周武、李一翔、承載、馬學強、張劍等人所提的論文，其範圍擴及工業發展、商業與埠際貿易、傳統市場、照明系統與供水網絡、食品衛生、科技發展與市政規劃等，不僅是計畫成果的一次集中表現，更是開拓城市史新領域的大膽嘗試！

結合歷史學家與經濟學家，論文有交集，並不斷深化，這是可喜的現象！從上海出發，先延伸到東南沿海，再奔向長江沿岸城市，這可以說是中國大陸有計畫推動城市史究究的三部曲，這也是上海社科院在張仲禮院長領導下，推動城市史研究的最大特色。

感想與建議

筆者有幸，承上海社科院先後三次的邀約參加開會，這是第一次如願出席。能夠與那麼多鑽研上海史暨城市史的專家學者共聚一堂，切磋研究，真是機會難得，同時也大有獲益良多，不虛此行的滿足之感！

在歷史所熊月之所長主持的閉幕典禮上，筆者曾應邀提出兩點期望：

（一）城市史是一門日新又新、精益求精的史學新支脈，它不該劃地
自限，它必須結合各方面專家做跨領域式的綜合研究，希望將
來再從沿江城市展伸到內陸各重要城市，這將是城市史取之不
盡、用之不竭的材料，更是城市史研究薪火相傳、生生不息的
源泉。

（二）城市史的研究，固然有它豐富的內涵和錯綜複雜的面向，但
從宏觀的角度看，它不能從國史中抽離、切割或獨立發展，而
必須擺在歷史和時代的大脈絡中去探索，才能找到它適當的定
位。

　　以兩岸的開會文化做比較，筆者另提出三點檢討意見：

（一）主辦單位以客為尊，以和為貴，寬大為懷，接受了一些不該接
受的例外，例如無稿亦可上臺報告，手稿凌亂未經打字處理、
臨陣換將，報告時間太長等，破壞了規矩，均是正式學術會議
上的大忌！

（二）兩天共報告三十篇文章，致時間短促，評論人既沒有充分時間
評論，出席人也沒有心情多做討論，缺乏對話、交流，任令許
多有話想說要說的專家學者閒散，無用武之地，殊為可惜！

（三）少數主持人沒有充分發揮自己的角色，未能營造熱烈氣氛，致
令報告過程略顯沈悶。若干評論人沒有善盡自己的職責，往往
高來高去，和和氣氣，評論時左一個肯定，右一個讚賞，一切
點到為止，碰撞不出智慧的火花，缺少針鋒相對、唇槍舌劍的
精采場面。所幸後兩種情形，第二天已有明顯改進！

　　柏克萊大學的葉文心教授，為了不讓筆者「多餘的話」成為空谷

絕響，也語重心長的提出三點建議做為
呼應：

（一）除致力社會科學的研究外，也
　　　要倡導人文科學的批判精神。

（二）除從事具有中國特色的社會主
　　　義建設外，也要兼顧它的前瞻
　　　性和開拓性。

（三）除展現計畫性有組織的集體研
　　　究成果外，也不要忽略鼓勵個
　　　人的創新研究。

（原載《國史館館刊》，復刊第25期，
　　　頁 323~327，民國 87 年 12 月）

與葉文心教授共同主持本所「認同與國家」
研討會歡迎酒會

註1： 《上海：通往世界之橋》，《上海研究論叢》，第三、四輯（上海社
　　　會科學院，1989年3月）。

註2： 張仲禮主編：《城市進步、企業發展和中國現代化（1840-1949）》
　　　（上海社會科學院，1994年8月）。

註3： 張仲禮主編：《中國近代城市企業、社會、空間》（上海社會科學
　　　院，1998年1月）。

東北椎心之旅

——日軍侵華罪證史蹟巡禮

我的家在東北松花江上

那裡有森林煤礦

還有那滿山遍野的大豆高粱

…………

九一八，九一八，從那個悲慘的時候

脫離了我的家鄉，拋棄了我那無盡的寶藏

…………

泣別了白山黑水

走遍了黃河長江

流浪、逃亡

逃亡、流浪

…………

百萬榮華一剎化為灰燼

無限歡笑轉眼變成淒涼

…………

誰使我們流浪，誰使我們逃亡

誰使我們國土淪喪

誰使我們民族滅亡

…………

拿起我們的槍桿筆桿
舉起我們的鋤頭斧頭
打倒這群強盜
爭取我們的自由

——流亡三部曲

楔子

　　吳鐵城曾說：「不到東北，不知中國之偉大；不到東北，不知中國危機之嚴重。」曾琦更認為：「東北為我國之新大陸，以其土地之肥美，物產之豐富，真不下於北美合眾國而最適於關內移民之用。」東北三寶——人參、貂皮、烏拉草，這是從地理教科書上背得滾瓜爛熟的知識。「高粱肥，大豆香，玉米黃」，則是童謠民歌耳熟能詳對東北留下的印象。抗戰前後，大家所愛唱的「流亡三部曲」，雄壯激昂，譜出了中華民族所遭受的悲慘命運，更唱出了全國同胞的時代心聲。

　　此次東北三省之旅，足跡所至有長春、哈爾濱、瀋陽、撫順四個主要大城市，既見識了東北的廣大和肥沃，也參觀了不少日軍侵華罪證的各類遺蹟，在愉悅心情中同時充滿著椎心之痛！美麗的白山黑水何辜！純樸的東北同胞飽受外敵的蹂躪摧殘，又是何其不幸！

長春「第五屆近百年中日關係史研討會」側記

繼1997年10月東京「第四屆近百年中日關係史研討會」之後，在吳天威教授等幾位熱心人士的大力催生和支持下，位於長春的東北師範大學適時挑起了第五屆研討會的主辦重任，自1998年9月23日至27日假素有「北國春城」、「森林之城」之譽的長春市郊那風景秀麗的南湖公園旁的華僑賓館舉行。但因恰逢中外大學多已開學，故到會者僅有六十人左右，比起前四屆的規模，稱得上是一次精緻型的研討會。

與會台灣學者合影，左起：蔣永敬、陳三井、傅奕銘、陳在俊、黃福慶

從臺灣前往參加的有蔣永敬、黃福慶、陳三井、陳在俊、郭俊鉌以及留日學生傅奕銘等六人。黃福慶、陳在俊、傅奕銘三人提論文宣讀，蔣永敬與筆者除主持分組論文報告外，並分別在開幕、閉幕典禮上應邀發言。

筆者主持分組討論

這次研討會因在東北舉行，故東北本地的學者扮演了極為吃重的角色，無論出席人數、提報論文或參加討論，或

引導參觀，都有很好的表現。會議分兩組進行，可惜因無確定議程，亦未設評論人，論文分發也非盡善盡美，故無法做完整之介紹。

　　本次研討會最大的特色，在於課題集中，大體針對日本侵華戰爭所遺留的各項問題進行報告，主要可分為三方面：

（一）戰俘、勞工問題

　　日本侵華期間，曾在北平、塘沽、太原、石家莊、濟南、青島、大同、西工、浦口、海南島等地建立戰俘勞工集中營，把戰俘當做特殊工人送往礦山、鐵路、軍事工程做苦工。同時又採用招騙、攤派、抽調、抓捕等辦法捉捕勞工為其做苦役，人數皆以數百萬計。有關這方面出版的資料有《花岡暴動》（劉寶臣編著）、《日軍槍刺下的中國勞工》（何天義等編）、《罪行、罪、罪責》（傅波主編）、《勞工的血與淚》（蘇崇民等編）、《警喻中國人》（蘇建中編）。本次研討會相關的論文有陳景彥（吉林大學）所提〈關於二戰期間中國勞工的研究及其戰後賠償問題〉、傅波（撫順行政學院）的〈日本殘酷虐待戰俘的罪行及罪責問題〉。

（二）細菌武器受害問題

　　日軍侵華期間，違背禁止使用細菌武器的公約，在中國占領區組建了細菌部隊、製劑工廠、人體試驗室和靶場，並秘密地進行細菌戰。九一八事變後，關東軍首先在哈爾濱組建了七三一部隊，在長春組建了一〇〇部隊，在東北地區進行細菌戰研究。及至日本戰敗後，把生產的大批細菌製品和帶有病毒的跳蚤和老鼠遺棄在中國，致使中國一些地方在戰後數年還不斷發生傳染病流行，使中國人民繼續受到

傷害甚至喪命。七三一部隊駐紮的平房地區，戰後十年就因日本遺留的鼠疫菌傳染使一百三十餘人慘死。

關於細菌戰的研究，始於五十年代。日本的秋山浩曾出版《特殊部隊七三一》（三一書房），至八十年代形成高潮。1981年美國記者鮑威爾（John Powell）發表論文〈歷史中被掩蓋的一章〉，揭露了日本為免除細菌戰戰犯罪行，用細菌研究資料與美國進行交易的真相。同年，日本作家森村誠一出版了《惡魔の飽食》（光文社）、常石敬一出版了《消失的細菌部隊》（海鳴社），將七三一部隊的罪惡公諸於世。此後日本又出版了大批證言、調查及研究著作。大陸方面，對日本各細菌部隊專項有研究的專著有韓曉、辛培林的《日軍七三一部隊罪惡史》、解學詩、松村高夫等著《戰爭與惡疫──七三一部隊罪行考》（人民出版社）、高興祖的《榮字第一六四四細菌部隊》、沙東迅的《揭開八六○四之謎》等。此外，各地還發表了一大批揭露日本進行細菌戰調查的罪證資料和研究成果，特別是郭成周、廖應昌的《侵華日軍細菌戰記實》，不但算是最新的研究成果，而且是一部比較全面有系統具歷史價值的研究專著，也可說對日軍細菌戰研究的一個概括和總結。臺灣方面，國史館曾出版一冊《七三一部隊──第二次世界大戰中的日本細菌戰》（吳天威翻譯，Peter Williams & David Wallace 原著），政治大學日籍的藤井志津枝教授則著有《日本魔鬼生化戰的恐怖──七三一部隊》（臺北文英堂）。本次研討會，相關的論文有韓曉、李平的〈侵華日軍細菌戰是不可否認的事實〉。

（三）化學武器受害問題

　　日本在侵占東北後，首先組建了關東軍化學部（即五一六部隊），此後又向中國各占領區派遣「野戰化學實驗部」、「野戰瓦斯工廠」、「野戰瓦斯隊」。根據研究報告指出，日軍曾在中國的十四個省（市）、七十七個縣（區）使用毒氣二、〇九一次之多，其中對華北游擊部隊使用四二三次，造成了三千餘人的傷亡；對中國正規軍使用一、六六八次，致中國官兵死亡六千餘人，受傷四、一六〇餘人，如果加上對中國平民的傷害，傷害人數當在十萬人以上。近年來，中國的東北、華北各地陸續發現日本遺棄的毒氣彈二百萬發，已經使二千多人受到傷害。

　　對化學戰的揭露和研究，戰時中國的報刊對日本使用毒氣的罪行已有不少揭露。八十年代，日本學者栗屋憲太郎、吉見義明、松村高夫等人在美國和日本已發現一批日軍使用化學武器文書檔案資料，並且印刷出版。中國方面，則相繼出版了《細菌戰與毒氣戰》、《日本侵華戰爭的化學戰》、《侵華日軍的毒氣戰》等書。此次研討會，有趙聆實（吉林偽皇宮陳列館副研究員）〈關於吉林敦化日遺毒彈的兩個現場〉一文。據作者指出，日軍遺棄在敦化的化學毒劑彈至少有二百萬枚，其主要型號有七五毫米、九〇毫米、一〇五毫米、一五〇毫米炮彈及十五公斤、五十公斤航彈六種。這些散落在田間、沼澤、荒野及灌木林中的隱蔽「殺手」，隨時都在威脅著無辜居民的生命。

　　在嚴肅的研討會之外，筆者曾與蔣永敬、黃福慶結伴，抽空前往吉林大學新校區參觀，由該校行政學院教授兼圖書館主任寶成關、歷史系主任劉德斌、教授陳瑞雲等人熱誠接待。吉大的新圖書館由香港

影業鉅子邵逸夫捐款港幣一千萬元所建，樓高五層，空間寬敞，尤以收藏古籍號稱關外第一聞名。繼到吉林省社會科學院參觀滿鐵資料館，並與日本研究所所長郭洪茂、研究員解學詩、副研究員李力座談，瞭解大陸收藏滿鐵資料的情形，該館最近出版有館藏目錄一冊，可供參考。社科院日本所與歷史所的若干科研人員，參與《東北淪陷十四年史叢書》的編纂，正陸續出版中。

參觀吉林大學，
左起：陳三井、黃福慶、蔣永敬、解學詩

圖書館主任寶成關教授（右）引導參觀

「偽滿皇宮」故事多

　　長春又稱新京，是當年偽滿洲國的首都。到了長春，自不能不參觀末代皇帝愛新覺羅・溥儀充當傀儡皇帝時的宮廷遺址。偽皇宮主體部份有東西兩重大院，西院以中和門為界分為內廷和外廷兩部分。中和門以北為外廷，是溥儀辦公處理政務和舉行典禮的場所，主要建築有勤民樓、懷遠樓和嘉樂殿；中和門以南則為內廷，是溥儀及其家屬日常生活的區域，有寢宮緝熙樓、球場、花

攝於吉林省社會科學院前，
左起：解學詩、陳三井、蔣永敬、黃福慶

偽滿皇宮——緝熙樓

部分學者攝於勤民樓前

園等。東院是在舊鹽倉遺址基礎上改建的，主要建築就是1938年日本人給溥儀修建的同德殿，但溥儀懷疑日本人在樓內可能裝有竊聽設備監視他的活動，所以始終不敢正式使用。

寢宮緝熙樓是一座外表不起眼，又顯得寒酸的兩層灰色舊式樓房，原為吉黑榷運局辦公大樓。溥儀居此，本想以「緝熙」象徵前途光明，並繼承和效法他的祖先康熙，幻想復辟大清王朝，然而卻受到日本關東軍的操縱和控制，在這裡度過了近十四年的傀儡生涯。

緝熙樓二樓西側是溥儀的生活區，有臥室、書齋、佛堂和中藥房等。書齋是溥儀日常學習的場所，午睡後，他常在此看書、寫字，也常坐上靠西窗的一把高靠背椅，接見日本關東軍高級參謀兼滿洲國帝室御用挂吉岡安直（實際監視他的行動），房間內擺置有兩人的蠟像。溥儀從小信奉佛教，每日起床即到佛堂「早課」念經，兼以迷信甚深，每遇出門和重要活動，都要事先搖卦問卜，以主吉凶。又溥儀從小身體不好，

久病成醫，遂與藥品結下了不解之緣，且吃藥成癖，藏藥也成了一種嗜好。此外，他還略通醫術，通讀過《本草綱目》和其他醫書，也常親自到中藥房抓藥。二樓東側是皇后婉容的生活區，有臥房、書房、吸煙室等。婉容是旗人中有名的美女，而且多才多藝，但因與溥儀的婚姻生活有名無實，在精神苦悶下與宮中侍衛私通，做出了溥儀所不能容忍的行為，從此被打入「冷宮」，靠吸食鴉片麻醉自己，「落魄鳳凰不如雞」，最後身心受創過深，變成了「瘋子」皇后。溥儀一生中做了三次「皇帝」，娶了五位妻子，除比婉容早一天進宮的淑妃文綉和解放後所娶的護士李淑賢外，尚有「祥貴人」（譚玉齡）、「福貴人」（李玉琴），無奈貴人深宮多怨，再多的女人對溥儀而言，僅是「擺設」、「犧牲品」而已，在他的心目中都沒有「復辟」來得重要！

　　「俯身甘為日人奴」的末代皇帝曾自嘲說：「我就是這樣，一方面渾身沒有一根骨頭是硬的，一方面還幻想著未來的『復辟登極』，公開走上了卑鄙無恥的道路，確定了頭號漢奸的身份，給血腥的統治者充當了遮羞布。」事實上，到了偽滿後期，溥儀不僅是個傀儡皇帝，也是個「關門皇帝」，已到了「無公可辦，無事可做」的地步，整日過著「昏天暗地，神神顛顛的生活，除了吃睡之外，即打罵、算卦、吃藥、害怕」。所以，民間盛傳一句歇後語，那就是「小皇帝住鹽倉——『閒』肉一塊」，或是「小皇帝住鹽倉，閒龍一條」，真是既傳神又諧趣。

　　江山易改，除了偽滿皇宮改成偽皇宮陳列館外，當年的偽滿朝廷如今安在？實際發號施令的關東軍司令部，現在是吉林省委辦公大

樓，司令官邸改為松苑賓館，而日本駐偽滿大使館，一變而為吉林省政府。還有新皇宮舊址，成為地質宮的基礎。偽滿國務院，現為白求恩醫大基礎部，當年的八大部，分別成為醫大各院、省社會科學院、師大附小、師大附中等單位機構的所在地，稱得上景物依舊，而人事全非矣！

參觀哈爾濱「侵華日軍第七三一部隊罪證陳列館」

　　研討會閉幕後，大會安排於9月26日（星期六）上午七時，分乘大小兩部車，由長春出發北上前往哈爾濱參觀。長春到哈爾濱，距離242公里，車行快則三小時，慢則四、五小時，端視塞不塞車而定。車經烏金屯加油站，大夥下車休息小解，發現唯一的公廁其髒臭無比，男士們只好閉著眼睛搗著鼻子方便，純然沒有到「歌廳」唱歌的快感，女士們則不得不採取「戒急用忍」的權宜之計，繼續上路。沿途但見排排綠樹相間，平原一望無際，田園裏的玉米枝幹由綠轉黃，已到了收割的季節。省道兩旁偶而出現的平房飯店，設備簡陋，門面佈置色彩搭配突兀，全無美感！

　　我們所要參觀的「侵華日軍第七三一部隊罪證陳列館」位於哈爾濱市南二十公里處的平房地區，住址是新疆大街21號，係1995年8月15日新建落成。該館分為兩個陳列室，由七個展覽單元組成，它們是：

（一）初建時期的石井部隊

（二）細菌戰體系的形成

　　1.背蔭河鎮

　　2.平房地區

（三）生體試驗

（四）特別輸送

（五）細菌生產

（六）野外試驗及細菌戰

（七）七三一部隊的滅亡

參觀「侵華日軍第731部隊罪證陳列館」

　　原滿洲第七三一部隊，統稱石井部隊（部隊長石井四郎中將），對外稱關東軍防疫給水部。下設第一部（細菌研究）、第二部（實戰研究）、第三部（防疫供水研究）、第四部（細菌生產），以及總務部、訓練教育部、器材供應部和診療部。並且在孫吳、海拉爾、林口、海林設立四個支隊，在安達等地設立野外實驗場，在大連設置衛生研究所。

　　石井部隊網羅日本國內上千名的醫學、細菌學專家，以研製生物戰武器為宗旨，大量繁殖生產鼠疫、傷寒、霍亂、炭疽和赤痢等各類傳染病菌，用活人做細菌試驗，並把研製的細菌武器在

動力班鍋爐房殘跡

諾門坎、常德、寧波等地進行試驗性的使用，殘殺無辜百姓。僅在試驗室內就殘殺了中國人、蘇聯人和蒙古人至少有三千名之多。該館現保存了原七三一部隊罪證遺址二十一處，並在陳列廳陳列了二百餘件實物、照片和目擊者證言材料，令人觸目驚心，這是侵略者無法消滅的罪證。

在二十一處遺址中，我們僅參觀了吉村班冷凍室、小動物飼養室、焚屍樓舊址、動力班鍋爐房殘跡與七三一部隊本部大樓等幾處遺址。石井部隊為毀滅其罪證，在日本投降前將其主要建築物炸毀，並銷毀大量機密資料。本部大樓因不涉及罪證，故保留完好如初，現為哈爾濱市第廿五中學。我們到訪時，適該校在操場舉行新生訓練，攝影之際這些中學生也都入了鏡頭。

瀋陽「九一八事變博物館」的特色

長春之會結束後，部分人士意猶未盡，在吳天威教授的倡組下，我們一行十人於9月28日又僱車南下到瀋陽參觀。長春到瀋陽約三百公里，走高速公路約兩小時又半便到。抵瀋陽後，大夥落腳瀋陽迎賓館北苑。賓館分南園、北苑、東閣三部分，南園是當年日本駐瀋陽領事館的舊址，建築與亭園造型全然日本風味。

午飯後，我們即乘車出發前往參觀「九一八事變博物館」。「九一八事變」是中國現代史上的一個重大歷史事件，它象徵著日本帝國主義侵華戰爭進入了一個新的階段，同時它做為中華民族的國恥日，中國人民是永遠不會忘記的。為了展現這段悲痛的歷史，在事件

爆發地點建立了這座「九一八事變博物
館」。

　博物館主體建築本身就是一座歷史
性紀念建築物，它以殘曆碑的形狀展現
在人們面前。在一部巨大石雕台曆上密
布著千瘡百孔的彈痕，隱約可見無數個
骷髏，象徵著千萬個死不瞑目的冤魂在
吶喊和呼號。右面的一頁銘刻著中國人
永遠難忘的最悲痛的日子──1931年9
月18日，農曆辛未年八月初七日。左
面的一頁鐫刻著九一八事變的史實：
「夜十時許，日軍自爆南滿鐵路柳條
湖段，反誣中國軍隊所為，遂攻占北
大營。我東北軍將士在不抵抗命令下忍
痛撤退，國難降臨，人民奮起抗爭。」
在殘曆碑正面拱形門進入一樓正廳，
迎面黑色大理石上刻有「勿忘國恥」
四個大字，在字的上方嵌有一面殘月形
時鐘，其時針指著十時二十分，這正是
日軍發動進攻北大營的時刻。在殘曆碑
西南二十公尺處有一個「九一八事變炸
彈碑」，這是日偽時期為炫耀其赫赫戰
功，在鐵路爆破地點所樹立的呈炸彈尾

作者在「九一八事變博物館」前留影

翼形的紀念碑。抗戰勝利後，此碑被人民推倒，現反成為日軍侵華的罪行之一。

博物館所陳列的內容分三部分：

1. 九一八事變的歷史背景

2. 事變的爆發與東北淪陷

3. 中國人民的抗日救亡鬥爭

大致用燈箱、電動沙盤、人物模擬像等手法，輔以歷史圖片資料及部分實物，展示日軍侵華的罪行和中國人民反抗侵略的英勇事蹟。可惜的是，該館除主體建築本身富有創意和特色外，展出的內容稍嫌粗疏不完備，令人印象不深刻。吳天威教授除當場指出若干圖示說明的錯誤外，並曾建議增列王鐵漢的照片。王鐵漢當時任陸軍獨立第七旅（旅長王以哲）第六二〇團團長，雖接獲旅長「不抵抗，等候交涉」的電話，卻在敵軍攻擊時，基於自衛予以反擊。

「張學良舊居陳列館」巡禮

「少帥」張學良是近代史傳奇性人物，也是近年來媒體經常炒作的熱門賣點，以前中央研究院近代史研究所想訪問他做口述歷史沒有成功，這次到東北可不能錯失參觀「張氏帥府」的機會，於是與福慶兄結伴，驅車前往巡禮一番。

「張學良舊居陳列館」即「張氏帥府」，又稱「大帥府」或「少帥府」，位於瀋陽故宮對面的朝陽街少帥府巷，原為奉系軍閥張作霖和張學良的官邸和私宅，可分為東、西、中三院。中院為青磚結構的

三進四合院，是1914年張作霖剛當上陸軍二十七師師長開始興建的，坐北朝南，呈「目」字型，為典型的中國傳統古典建築，兼具東北暨遼南的民俗風格。門窗廊柱的油飾彩繪獨具特色，窗下牆身的硯石浮雕堪稱一絕，牆上磚雕細膩生動，檐枋雀替木雕巧奪天工，是研究民族建築和民間習俗的珍貴藝術資料。

　　四合院正門南側有一座起脊挑檐的影壁，刻有「鴻禧」大字的漢白玉板鑲嵌在影壁正中。正門兩側各立著一對抱鼓石獅和上馬石。當年，四合院朱漆大門彩繪著秦瓊、敬德兩位門神畫像，內側門楣上方懸掛著「護國治家」的大字牌匾。一進院多為帳房、庫房、電話室、傳達室和衛兵室。二進院正房中間為堂屋，可通三進院，門前有一座雕花門樓，門樓上方掛有一塊「望重長城」的牌匾。正房東屋是張作霖在1922年以前的臥室和書房，西屋是辦公室和會客室。東廂房是秘

張學良故居陳列館——張氏帥府正門

書長和內差室，西廂房為秘書處。三進院是內宅。西廂房是張學良和于鳳至結婚的居室，其餘房間均為張作霖幾位夫人的住室。

東院由大、小青樓和帥府花園等組成。小青樓建於1918年，為中西合璧式二樓青磚小樓，曾是張作霖五夫人和子女居住的地方。1928年張作霖被日本人在皇姑屯炸傷，抬到此樓西屋後不治去世。大青樓是1918年至1922年建成的三層羅馬式青磚樓房，上有觀光平台，下有地下室。1922年張作霖搬到此樓辦公；1928年張學良主政東北在此樓辦公。一樓有東北政務委員辦公處、會客廳、宴客廳、秘書廳等。二樓是張學良的辦公室和臥室。一樓東北角的會客廳以陳放老虎標本而得名「老虎廳」，當年楊宇霆、常蔭槐就是在這裡被處決的。

西院的七座紅樓建築群，是1930年由張學良規劃並築好地基，於九一八事變後建成的。此外，帥府花園建有假山、花壇、甬路、亭台水榭、荷池和隧道。帥府東北角建有關帝廟。在帥府院外的東部和南部，還有「趙四小姐樓」、邊業銀行和帥府辦事處（俗稱「帥府舞廳」）等建築，佔地甚廣。

在歷史舞台上，人物永遠是啟動風雲的主角。平心而論，走訪「張氏帥府」，除了具有「數風流人物，但看今朝」的宿命觀外，主要還是看看它的建築風貌，因為相關內容的資料展示，並不豐富。至於年已上百，自稱「白髮催年老，虛名誤人深」的張少帥，如今卻自我流放，乘桴浮於海，徒令帥府益增「景物依舊，人事已非」的唏噓之感！

「撫順戰犯管理所」去來

撫順是東北的工業重鎮，素有「煤都」之稱，當今又是著名的「石化之城」，人口約二百三十萬，接近於臺北市的人口數。「撫順戰犯管理所」位於撫順市區高爾山下，原是一所監獄，係日本侵略者於1936年為囚禁東北抗日志士所建。1950年以後改為戰犯管理所，並自蘇聯政府手中接收九百餘名日本戰犯，其中屬於行政系統者有44人、軍隊者667人、警察者140人、憲兵者116人。戰犯中的大村忍原是日偽時期這座監獄的典獄長，真是「關人者，人亦關之」，報應不爽。在這批戰犯中，主要有操縱和控制偽滿洲國的國務院總務廳長官武部六藏和總務廳次長古海忠之，到處建立無人區的中將師團長鈴木啟久，瘋狂製造血腥慘案的中將師團長藤田茂，參與殺害趙一曼烈士的警務指導官大野泰治，參與殺害趙尚志將軍的警察署長田井久二郎，殘酷迫害革命志士的日本憲兵大佐齊滕美夫和偽

部分學者在「撫順戰犯管理所」前合影

滿保安局特務科長島村三郎，殺人不見血的細菌戰犯木神原秀夫等。據戰犯們供認，在侵略中國期間，共殺死中國人九萬四千九百八十一人，燒毀房屋一、九五〇處（棟、座）又二四〇、六七二間，搶劫糧食約三千七百萬噸。

這些戰犯（後來增至1,061人）經過改造、學習和最後審判，於1964年3月前分批釋放，全部處理完畢。戰犯管理所最大的特色，是關了包括溥儀在內的58名偽滿洲國戰犯，其中有偽滿國務院總理大臣張景惠、偽滿參議府參議張煥相、外交部大臣阮振鐸、文教部大臣盧元善、勞動部大臣兼新京特別市長于鏡濤、交通部大臣谷次亨等十五名大臣，還有溥儀的岳父榮源、弟弟溥傑、妹夫及姪子等人。溥儀從1950年8月1日進監到1959年12月4日特赦回北京，在撫順戰犯管理所共囚禁了九年又四個月。溥儀從三歲當皇帝起，一直由周圍的人侍候，過著飯來張口，衣來伸手，肩不能挑，手不能提的寄生蟲生活，連洗洗刷刷、繫鞋帶、?被子等小事一概不會。針對溥儀生活不能自理的實際情況，最初將他和岳父、弟弟和姪子、侍從等人關押在同一監室內，由同室的人照顧他。但溥儀仍然端著「皇上」的架子，動不動就發脾氣，對家人不是打就是罵，同室的人也迷信他是「真龍天子」，暗地裏仍然跪拜請安，嘴裡喊著「皇上」、「上邊的」。後來把溥儀調到別的監室，經過思想改造和生活學習，他不但自己學會了舖床?被、洗衣補襪、澆花種菜，還積極參加捉老鼠、打蒼蠅的活動，遇輪值時並主動倒馬桶，認真打掃房間，徹徹底底變成一個普通人。

三次退位、兩度亡國的末代皇帝溥儀，在認罪、悔罪過程中，曾大膽的揭發日本帝國主義的侵華罪行，並徹底交待自己所犯下的錯

誤。他甚至激動的說：「我雖是中國人，但從來沒做過對中國人民有益的事情。」不過，他在改造期間做了一件有用的事情，就是與李文達共同完成了《我的前半生》一書，具有相當高的史料價值，因此被譯成多國文字，傳遍世界各地。

平頂山慘案遺址一瞥

　　平頂山慘案遺址（俗稱萬人坑）位於撫順市區南部平頂山下，這是侵華日軍於1932年9月16日殘殺平頂山村三千多名無辜同胞的現場。緣九一八事變後的翌年9月15日（農曆8月15日中秋節）夜，侵佔撫順的日軍遭到途經平頂山村的抗日自衛軍的打擊後，誣稱平頂山村的居民通「匪」，遂於次日出動警備隊和憲兵隊，把全村男女老幼三千多人逼趕到平頂山腳下，進行了慘絕人寰的大屠殺。事後，日軍為掩飾罪行，又用汽油焚屍、崩山掩埋，並燒毀全村五百多戶的八百多間房屋，將平頂山村一舉夷為平地，製造了震驚中外的平頂山慘案。

　　為悼念這些殉難的同胞，撫順市政當局於1951年修建了紀念碑。1970年在慘案遺址進行局部挖掘，就地修建了遺骨館，同時重修紀念碑。一踏入遺骨館的正廳，中間是平頂山村原貌示意沙盤，正面屏風上鑲著「向平頂山殉難同胞致哀」立體大字和花環。兩側展壁上陳列著慘案的歷史圖片資料。展覽大廳裏，放眼一看，是長八十公尺，寬五公尺的遺骨池，池內八百多具殉難同胞的遺骨，縱橫交錯，相互壓疊，慘不忍睹。其中有老人、婦女、兒童、嬰兒、殘疾和孕婦的遺骨。骨池周圍陳列著殉難同胞的煙嘴、剪刀、梳子、小手鐲、長命

平頂山慘案的壘壘白骨

平頂山殉難同胞紀念碑

鎖、炭化果殼月餅和礦工用的飯票，以及劊子手屠殺用的子彈頭、彈殼和焚屍以銷毀罪證用的汽油桶等，壘壘白骨，件件遺物，都是日軍屠殺無辜人民的鐵證。

由遺骨館右側上行，走七十五台階，赫然便可望見屹立在平頂山的雄偉紀念碑。是碑佔地面積3,160平方公尺，正面鑴刻「平頂山殉難同胞紀念碑」十個楷書大字，背面黑色大理石上銘刻著慘案史實的碑文，供後人憑弔追思。

結尾的話

此次東北之行，除參加「第五屆近百年中日關係史研討會」，走訪長春、哈爾濱、瀋陽、撫順四個城市，參觀吉林大學、吉林省社會科學院以及瀋陽故宮外，最主要想看的對象是五館（哈爾濱侵華日軍第七三一部隊罪證陳列館、瀋陽九一八事變博物館、張學良舊居陳列館、撫順戰犯管理所陳列館、平頂山

慘案遺址紀念館）一宮（長春偽滿皇宮）。其中有四個館是因日軍侵華直接造成所興建的，「張氏帥府」表面看來與日軍侵華並無直接關連，但張老帥半生與日本人周旋的結果，仍難逃被炸死的命運。東北淪陷了，張少帥的舞台也沒了，可見帥府因日本侵華而衰，自不待言。至偽滿皇宮中所飼養的一條「閒」魚，其幕後的導演策劃，完全是日本關東軍司令部，更是眾所週知之事。

　　「前事不忘，後事之師」，這是歷史的鐵則。建碑立館，不在重現血淋淋的悲情往事，而在昭告世人，警惕後人，痛定思痛，對戰爭的殘酷和罪惡有所認識，並記取教訓。特別是對那些怙惡不悛的侵略者或也能提供一面覺悟反省的明鏡。

　　　　　（原載《近代中國》，128 期，頁 172~187，民國 87 年 10 月）

史料與學術研究之間

——「華僑與抗日戰爭學術研討會」述感

一

　　1966年中央研究院旅美數理組院士林家翹應邀到芝加哥大學做一週的講學訪問。他見到在該校執教的人文組院士何炳棣的第一句話便是：「咱們不管搞那一行，千萬不可以搞第二等的題目」。搞研究就如同挖金礦一樣，與何炳棣同是清華（西南聯大）畢業的楊振寧院士並「主張淘新金礦，不贊成淘老金礦」。做一等一有意義具大價值的題目和「淘新金礦」不應只是院士們追求卓越的目標，同樣應也是所有從事學術研究工作者自我淬勵的共同期許。

　　史料是學術研究不可或缺的養分，其於史學工作者，就好比車之兩輪，鳥之雙翼，有如水幫魚魚幫水一樣。缺乏堅實史料做基礎的史學研究，往往流於空泛，就像天馬行空漫無邊際，不是搔不到癢處，便是隔靴搔癢。要想得心應手，悠游於史學界，無論

「橫看成嶺側成峰」或「濃粧淡抹總相宜」，脫離史料或輕視史料，恐怕都難以見功。

二

1999年8月初，由中國華僑歷史學會和廣東華僑歷史學會主辦，在廣州舉行的「華僑與抗日戰爭學術研討會」上，幾位與會學者都不約而同的提出來發掘僑史研究新材料的重要性。廣州暨南大學華僑華人研究所教授黃昆章在開宗明義第一篇報告〈華僑與抗日戰爭研究芻議〉中，便有感而發的指出來，過去大陸出版的華僑史論著，大多僅引用《南洋商報》、《星洲日報》（東南亞出版）、《三民晨報》（美國出版）、《救國時報》（巴黎出版）等少數幾份報刊，雖屬必要，但顯然不足。為了把華僑研究推進到更高的水準，他呼籲學者重視開發新史料，並提出四點具體的建議：

1. 充分利用南京中國第二歷史檔案館的材料
2. 擴大利用海外公開發行的報刊資料
3. 儘量搜集東南亞華僑創辦的地下報刊
4. 重視口述歷史資料的搜集和整理

黃教授並誠懇地盼望，海內外學者共同攜手，開展協作研究，從發揮各自的優勢（例如大陸學者比較容易看到國內發行的報刊及從中央到地方檔案館的資料，台灣或海外學者研究經費較為充足）做起，再進一步挖掘各國、各地區資料，寫出更高質量的專著。其次，由有關學會帶頭協調，組織起一個共同的主編班子，製訂詳細工作計畫和專著提

綱，再根據各地優勢，分工負責撰寫不
同的章節，然後匯總成為多卷本擲地有
聲的華僑史巨著。這真是經驗之談和令
人佩服的卓見，筆者舉雙手贊成。

談到華僑地下報刊的利用，北京大
學亞非研究所教授、中國華僑歷史學會
副會長周南京有備而來的提出〈太平洋
戰爭期間東南亞華僑地下抗日報刊〉一
文相呼應。他認為，地下抗日報刊是東
南亞華僑地下抗日鬥爭中一支重要的力
量，曾發揮過重要的歷史作用。根據他
的調查，東南亞各國的地下報刊，依地
區可臚列如下：

參觀廣州暨南大學，由筆者贈旗給副校長賴
江基，左一為文學院副院長楊松，右一為黃
乾先生。

（一）泰國

《真話報》（負責人李啟新、共出版
219期和4期號外）

《中國人報》（負責人藍東海）

《反攻報》（負責人陳英瑾、許復初）

《同聲報》（負責人羅漢、謝吼）

《警報》（負責人黃綠峰）

《重慶報》（負責人王蘇）

《建國報》（屬《反攻報》所辦）

（二）菲律賓

《華僑報導》（The Chinese Guide）（編輯是張思明、黃南君）

《崗哨》（班詩蘭）

《巨輪》（丹轆、打拉）

《馬蹄》（馬六干）

《北斗》（邦板牙）

《南島呼聲》（怡朗）

《宿務電訊》（宿務）

《僑商公報》（周刊、商抗）

《大漢魂》（為菲華抗日義勇軍機關刊物）

《導火線》（為菲華戰時血幹團的機關刊物）

《前鋒報》、《中國魂》（為菲華青年特工總隊的機關刊物）

《掃蕩報》、《迫擊半月刊》（為菲華抗日鋤奸迫擊團的機關刊物）

（三）馬來亞（包括新加坡）

地下報刊最多，先後出版共達127種之多，依地區再細分如下：

新加坡：《自由報》（華文版）、《解放報》（華文、英文版）

柔佛南部：《群眾報》（華文版）、《打日本報》（華文、英文、馬來文版）《抗建報》（華文版）、《勝利呼聲》（英文版）

柔佛北部：《抗日新聞》（華文、馬來文版）、《大眾報》（華文版）

森美蘭：《大眾報》（華文版）

雪蘭莪：《抗日先鋒報》（華文版）、《人民抗日報》（華文

版）、《自由報》（泰米爾文、馬來文版）、《抗日新
聞》（馬來文版）

東彭亨：《民意報》（華文、英文、馬來文版）

西彭亨：《人民報》（華文版）、《抗日新聞》（英文、馬來
文、泰米爾文版）、《游擊報》（後改為《革命軍人》，
華文版）

　霹靂：《人道報》（華文版）、《光明報》（華文版）、《馬
來亞之聲報》（英文版）、《人民呼聲》（馬來文
版）、《自由呼聲》（泰米爾文版）

　吉打：《活路報》（華文、馬來文版）、《先鋒報》（華文
版）、《愛國報》（華文版）

　檳城：《真理報》（華文版）、《公道報》（華文版）、《真
報》（初名《光明》，華文版）

（四）印尼

《正義報》（為蘇門答臘華僑抗敵協會，簡稱「華抗」的機關刊
物），改名《解放報》，後又改稱《自由報》。「華抗」後改名為
「蘇島人民反法西斯同盟」（簡稱「反盟」），並在《自由報》的基礎
上秘密出版《前進報》。

這份名單當然尚不齊全，有心人士不妨「上窮碧落下黃泉，動手
動腳找材料」繼續挖掘一番，或許會有「踏破鐵鞋無覓處，得來全不
費工夫」的驚喜收穫！

新史料的搜集既是如此費事，難怪廈門大學的李國梁教授不禁發

出深沉的感嘆！他在論文報告前曾幽默的戲作一幅打油詩式的對聯以自嘲。上聯是：「找資料，找資料，找不到新資料」；下聯是：「寫文章，寫文章，寫不出好文章」，橫批是：「苦不堪言」。生動傳神，刻劃出搞研究的人為了「淘新金礦」、「寫好文章」那種永無止境的壓力和痛苦！

三

每一次研討會，看到有新的題目出現，有新的史料被利用，那是最大的收穫，也是最令人快慰之事。在這次研討會中，就史料的發掘和利用上，仍然有不錯的收穫。在此舉幾個比較明顯的例子。

台灣暨南國際大學歷史研究所的李盈慧教授在〈抗戰時期華僑抗日捐獻與相關紛爭〉一文中，除探討華僑捐款的意願、募款過程有無瑕疵、匯款過程經手人有無徇私舞弊、私吞情事等較不為人注意的一面外，並首度利用中國國民黨黨史會所珍藏的加拿大《新民國報》和古巴的《華文商報》以為佐證，相當難得。

中央研究院中山人文社會科學所副研究員湯熙勇的〈中國抗日時期夏威夷華人的捐獻運動〉一文，則是大量參考了夏威夷當地出版的《中華公報》與《新中國日報》，詳實敘述了夏威夷華僑支持抗日活動的實際表現。

淡江大學教授黃建淳所撰〈砂拉越抗日組織「詩華籌賑會」初探〉一文，則是其大著《砂拉越華人史研究》的副產品。黃君曾專程到砂拉越搜集資料一年，所獲之檔案、報刊、照片、圖錄等均係第一

手材料,這是費力花錢的大投資,極為
珍貴難得。

　　政治大學講師李道緝所提〈泰國華
僑陳守明與抗日戰爭〉一文,充分利用
國史館所藏外交部檔案,並參考曼谷發
行的《中原報》,證明陳守明對抗戰實
有積極的貢獻,而且澄清暹邏華僑抗日
捐款最少的誤解。

會後參觀黃埔陸軍官校,與周南京教授
(中)、張存武教授合影

四

　　在閉幕典禮前的學術總結會上,北
大的周南京教授和筆者兩人,奉命代表
海峽兩岸各作十分鐘的講話。

　　一次研討會不可能也不允許把所有
的問題都提出來討論,但一分耕耘一分
收穫,「一步一腳印」,本次會議據個
人觀察,至少有以下四點收穫:

(一) 誠如周南京教授所說,所提論
　　　文題目的分布雖不夠均衡,但
　　　在研究的廣度與深度方面,比
　　　過去已有長足的進步。例如,
　　　在課題方面,注意到汪偽與日

本政府的對華僑政策；在材料方面，有人首度利用了國史館所藏的外交部檔案，以及國史館出版的《國民政府時期外交部工作報告（1933～1937）》（周琇環編，1999年3月）。

（二）「老成凋謝」、「青黃不接」、「後繼乏人」，這是學術研究難以彌補的最大遺憾。所幸「江山代有才人出」，透過本次研討會，大家發掘出不少具有潛力、已可獨當一面的後起之秀，可喜的還有不少抱有興趣的「新兵」毅然投入，這都是差堪告慰之事！

（三）不偏離主題，不唱高調，大家心平氣和，實事求是，認真而熱烈的討論了一些共同感興趣的主題。例如：南洋華僑的實際確數、抗戰捐款的總額、捐款方式及其用途、陳嘉庚與南僑總會的歷史評價等問題。

（四）更重要的是加強了兩岸僑史學界的學術交流、資料交流和觀念交流，為以後進一步的合作發展奠下堅實的穩固基礎。

豐收之後，我們是否也到了自我檢討反省的時候？檢討是為了百尺竿頭更進一步。我們應該談談今後如何提升研究水準？如何突破研究的瓶頸？

筆者為什麼要在這個場合，提出這種有煞風景或許傷感情的話，主要基於兩點認識：

（一）我們僑史研究要走出去，向前看，不但要與研究中國近現代史的學者平起平坐，不要矮他們一截，更要向世界華人研究進軍，在世界華人史研究上爭得一席之地；並擁有主動的發言權。

（二）我們僑史研究要不斷自我鞭策，追求超越，不要把僑史研究由
一向受人尊崇的「顯學」，變成遭人鄙夷的「險學」（意指降
低水準）。

為此，個人願提出幾點淺見，做為拋磚引玉：

材料的發掘與突破

「巧婦難為無米之炊」，這是永遠顛撲不破的真理。誠如李國
梁先生的感嘆，沒有新材料實在寫不出好文章。所以我們應力戒炒冷
飯，不要新瓶裝舊酒，不必重複勞動。在材料方面，我們可以站在各
自的崗位上，就個人力量之所及做一些努力，舉凡政府檔案、外交文
書、報刊雜誌、地下出版品、口碑資料、圖錄相片等都在搜集之列，
聚少成多，聚沙成塔，假以時日，必有可觀的收穫。

方法上宜多做比較以求深化

歷史是一門錯綜複雜的學問，並非表象的陳述所能解釋透徹，
所以「橫看成嶺側成峰」，從不同的角度加以比較，可以瞭解「殊
相」，找到「共相」，讓歷史更回歸到真實面。各地華僑的社會背景
不同，組成的分子有異，遭受日軍侵略的程度亦有別，所以表現在抗
日的行動上──如捐款的多寡、方式、領導人物的類型、抵制日貨運動
的強弱等，自是因地因人而殊，各有不同。只有透過比較，才更能突
顯其中所代表的含意。

統一規格，讓研究學術化

綜觀兩岸四十多篇論文，撰寫的格式與做注釋的方式，真是五花八門，令人目眩神迷。一般而言，學院派有一套行之已久的規範，要求比較嚴格；僑史界則相當不講究，純以個人的老習慣為依歸，不但腳註的資料（包括作者、書名、出版地點、出版社、時間與頁次等）不夠完整，就是排列的順序也不夠專業。有的論文，連半個註也沒有，更不在話下。甚盼大家能求新求變，見「賢」思齊，力求統一標準化。這雖然只是個微不足道的「雕蟲小技」，但卻是走向學術化，進軍世界不可輕忽的一道金牌通行證。

（原載《僑協雜誌》，66 期，頁 18~22，民國 88 年 11 月）

部分團員合攝於廣州中山紀念堂前

從北京到南京
——參加兩次近代史盛會紀略

楔子

九月裡，秋風送爽，桂花飄香，陽光和煦，氣候不冷不熱，是前往大陸觀光旅遊、開會訪友的最理想季節；九月間，又是新學年度伊始，各機關驗收過去一年成果，籌謀未來新計劃的一個開端，所以同樣是廣邀天下英雄好漢，舉辦研討會相互切磋的最良好時機。

中國社會科學院近代史研究所成立於1950年5月1日，五十年來在范文瀾、劉大年、余繩武、王慶成、張海鵬等幾位所長的領導下，經過幾代人的努力，據統計已出版各類著作332種、資料書166種、譯著67種、工具書20種，發表學術論文及其他文章大約1,765篇，[註1] 成績斐然，堪稱大陸研究近代史的重鎮而無愧！為了紀念五十歲生日這個值得紀念的日子，也為了推動學術交流，並且為了迎接新的世紀、新的千禧年的到來，

北京「第二屆近代中國與世界」討論會
開幕典禮

會場一景

筆者在會場留影

該所特於2000年9月6日至10日召開
「第二屆近代中國與世界國際學術討論
會」。

南京大學中華民國史研究中心成立
有年，在張憲文教授主持下，推動民國
史的研究不遺餘力，已經召開過三次中
華民國史國際學術會議，並出版《民國
研究》不定期刊物四期。為了進一步繁
榮中華民國史的學術研究、交流研究成
果、增進中外學者間的合作，該中心特
於2000年9月22日至24日召開「第四
次中華民國史國際學術討論會」。

從北京到南京的兩次討論會，可以
說是大陸史學界數年難得一見的盛會，
回顧以往，筆者未及參加十年前在北京
近代史所舉辦的「第一屆近代中國與世
界討論會」，卻有幸出席了六年前由南
京大學主辦的「第三屆中華民國史討論
會」。這次都收到兩會的邀請，當然不
能錯過與中外學者交流的機會，所以不
惜風塵僕僕，二進二出大陸，躬逢其盛
的參加了這跨世紀的兩場學術饗宴。

北京與南京的兩次盛會，時間相隔

僅二星期，無論規模盛況均不在話下。
在此僅就其開會地點、經費來源、國外
出席學者、提交論文和開會等情形，稍
做比較敘述，讓無緣與會的學者專家透
過這篇報導，略知其梗概，這是本文的
最大目的。

怡生園 VS. 中心大酒店

　　北京的討論會，在主辦單位特具創
意的安排下，假北京市順義區的怡生園
國際會議中心舉行，寓開會於渡假，名
園盛會，相得益彰，這是中國史學界過
去難得一見，相當高規格且具大魄力的
盛舉。

　　怡生園距首都機場25公里，是一
處遠離塵囂、空氣新鮮、風景秀麗的
渡假休閒聖地暨召開各種會議的理想場
所，它佔地26萬平方公尺。在2萬3千
平方公尺的人工湖畔，氣勢宏偉的主體
建築綜合樓與風格迥異的歐美式客房區
及別墅群，隔著長堤遙遙相對。客房區
由哥德式、西班牙式、美式、日式四組

怡生園會場外觀

怡生園的歐式別墅建築

建築構成，別墅群則由嬉雨公館、藍水車院、凱旋宮、騎士山莊、白金漢宮、尋夢園等八棟獨立式建築構成。漫步其間，垂柳成蔭，湖光倒影，清新脫俗，有如置身世外桃源，令人心曠神怡。國外學者得天獨厚，每人各擁寬敞客房一間，但見窗外綠草如茵，水波不興。惟客房與客房之間，幢幢獨立，住處分散，且距離會場約有十餘分鐘的步程之遙，除開會與用餐外，平常見面聯誼交流頗為不便，這是美中不足之處。

反觀南京之會，卻選擇市中心位在熱鬧繁華的新街口的中心大酒店舉行。酒店樓高十數層，屬歷史悠久具國際聲望的四星級觀光大旅館，距機場8公里，由祿口國際機場有定時班車（約一小時一班）可到附近。一踏出酒店大門，車水馬龍，南來北往四通八達，十分方便。酒店內各式餐飲與娛樂設備應有盡有，服務亦親切令人滿意，惟兩人共宿一房，生活作息起居稍覺不便。

財團資助VS.門票收入

大陸同臺灣一樣，舉辦一次大規模、高規格的學術討論會，頗為不易。除了必須投入大量的人力外，經費動輒一、二百萬，籌措的順利與否，無疑直接攸關會議的成敗。這次南北兩會在這方面都有殊途同歸的滿意表現。

北京之會，除了東道主中國社會科學院近代史研究所聯合中國史學會主辦外，列名贊助的金主有財團法人平和中島財團、財團法人大和銀行亞洲大洋洲財團、財團法人國際通訊基金、財團法人?川平和財

團、日本國際交流基金等五個單位，這些主要來自日本財團的經援，象徵主辦單位與日本學術界關係的密切，特別是東京大學名譽教授衛藤瀋吉為本次會議的召開，在經費方面做出了特別的貢獻。

相對的，南京之會，除了南京大學中華民國史研究中心本身的經費外，主要得自江蘇省政協文史資料委員會的慷慨捐輸。政協轄下有個金雞母——「中國近代史遺址博物館」，也就是南京長江路292號遺址，此係前清的兩江總督署，其中十年為太平天國天王府，辛亥光復後，為中華民國臨時總統府，後又為國民政府、總統府所在地。從「十年壯麗天王府」到「風雨滄桑總統府」，多少英雄人物在此風雲流散，多少歷史往事在此灰飛煙滅，所以參觀的人特別多，每天川流不息，絡繹不絕，而門票的收入便相當可觀。省政協把這隻金雞母取之於社會的所得，用之於學術，總是值得頌揚之事。

國外學者 VS. 國外學者

南北兩會，國外學者參加者踴躍，規模亦復不小。北京的「近代中國與世界討論會」，據會議手冊上列名的共143位，其中來自大陸境外國家和地區者共51名，約占總數的三分之一強。茲將分配情形開列如下：

1. 日本21名最多：衛藤瀋吉、山田辰雄、安藤彥太郎、久保田文次、狹間直樹、森時彥、森紀子、西村成雄、小島淑男、古田和子、并木賴壽、嵯峨隆、家近亮子、橫山宏章、深町英夫、川島真、佐佐木揚、鹿錫俊、李廷江、孫江、王柯。

與美國魏斐德（F. Wakeman）、張玉法教授合影

2. 美國10名次之：魏斐德（F. Wakeman）、賈士杰（D. C. Price）、麥金農（S. Mackinnon）、史瀚波（B. Sheehan）、柯瑞佳（R. E. Karl）、任達（D. R. Reynolds）、賀欽賢（J. K. Olenik）、梁思文（S. Levine）、陳錦江、鄒達。

3. 澳洲4名：馮兆基、黎志剛、黃宇和、沙培德（P. Zarrow）。

4. 法國2名：巴斯蒂（M. Bastid）、蕭小紅。

5. 俄羅斯2名：齊赫文斯基（S. Tikhwinsky）、葉文基（P. Ivanov）。

6. 義大利1名：薩馬拉尼（G. Samarani）。

7. 波蘭1名：施樂文（M. Slawinski）。

8. 韓國1名：李銀子。

9. 新加坡1名：黃堅立。

10. 香港1名：趙令揚。

11. 臺灣7名：張玉法、李恩涵、陳三井、林滿紅、林能士、王正華、侯坤宏。

由於會議的主題圍繞著近代中國與世界這個長盛不衰的話題，所以外國學者所佔的比例偏高，而且幾乎每個國家都有代表參加，這是可以理解的。倒是英國和德國這兩個與近代中國頗為密切的國家，正巧並沒有人到會。

除來自境外的學者外，做為東道主的近代史所幾乎老中青三代傾「巢」而出，共達40名之多，強而有力地撐起了大會的半片天。令人印象深刻的是，多位後起之秀的中生代，如楊奎松、汪朝光、王奇生、王建朗、黃道炫、聞黎明等幾位先生，無論在所提論文題目的創新、資料的搜集和分析，或新規律的創發等方面，都有令人刮目相看的表現，獲得與會同行的普遍肯定，真是「長江後浪推前浪」。史學界接棒有人，確是值得欣慰之事。

筆者在會場與楊奎松教授（中）、王正華小姐合影

南京的「民國史討論會」，共有出列席人員151名（號稱180餘人），其中來自中國境外的學者約47名，比北京之會名額略少。僅有少數學者是兩會都參加的。但總體而言，名單還是有相當

大的不同。茲開列如下：

1. 韓國10名：裴京漢、白永瑞、尹惠英、姜明喜、羅弦洙、車雄煥、金世昊、朴宣泠、李升輝、朴橿。

2. 日本6名：山田辰雄、西村成雄、橫山宏章、久保亨、土田哲夫、川島真。

3. 美國7名：唐德剛、薛君度、吳天威、朱永德、熊瑋、Laura McDaniel、Lee McIssac。

4. 俄羅斯2名：高念甫（Andrei N. Karneev）、Vitaly A. Kozyrev。

5. 英國1名：方德萬（Hans Van de Ven）。

6. 德國1名：墨軻（Peter Merker）。

7. 義大利1名：薩馬拉尼（G. Samarani）。

8. 加拿大1名：戴安娜（Diana Lary）。

9. 澳洲1名：費約翰（John Fitzgerald）。

10. 香港3名：齊錫生、葉漢明、鄭會欣。

11. 臺灣12名：張玉法、李恩涵、李國祁、陳三井、呂芳上、賴澤涵、張哲郎、魏萼、周惠民、張力、邵銘煌、郭俊鈺、劉維開（未到）。

比較參加兩會的海外學者，可以看出：

1. 美、日兩國學者參加北京之會明顯多於南京之會，其中是否有學校已開學的關係，不得而知，但北京做為國際學術交流的選擇顯然優先於南京；

2. 英、德兩國無人參加北京之會的遺憾，到南京之會獲得彌補；

3. 韓國與臺灣參加南京之會的學者大幅增加，顯示南京大學在這

方面所做的學術交流工作，收
到顯著的效果。

與北京之會由近代史所老中青三代
所撐起的半片天相比，南大中華民國史
研究中心也在南京之會推出22位陣容
堅強的博士後及博士研究生，他（她）
們有的提論文，有的參加分組討論，都
有不錯的表現。從研討會中發掘年輕後
起之秀，協助年輕人成熟，使研究隊伍
不斷增強，這是「紀念史學」的另一正
面意義。

特色論文舉隅

北京之會，共舉行28場研討會，
發表101篇論文。[註2] 以篇幅所限，無法
在此一一列舉介紹。由於「大溪檔案」
（蔣中正先生檔案）已經正式開放，風
氣已開，故無論大陸、日本或臺灣，研
究蔣介石的成果不斷湧現，在此即以蔣
介石為焦點，略為介紹兩會所提有關蔣
介石的文章。

北京之會，共有6篇論文涉及蔣介

在南京會場，部分學者合影，左起：陳三
井、周忠信、張玉法、呂芳上、馬振犢。

在會場內，台灣學者與張憲文教授合影。前
座左起：張玉法、李國祁、陳鵬仁；後排左
起：周惠民、張哲郎、李恩涵、張憲文、陳
三井、邵銘煌、呂芳上、張力。

與朱寶琴（左）、武菁（右）兩位女士合影

石，而且幾乎集中在對外關係的處理上。它們是：

（一）楊天石（中國社科院近代史所）：〈蔣介石與韓國獨立運動〉

蔣介石在韓國獨立運動過程中，積極促成韓國流亡人士中兩大派別的團結，支持韓國義務隊和光復軍在中國土地上活動，促進韓國臨時政府改組，在經濟上有求必應，特別是在開羅會議上的仗義陳詞，終於達成在開羅宣言中確立「保證韓國戰後獨立」的基本原則。

（二）楊奎松（中國社科院近代史所）：〈蔣介石抗日態度之研究——以抗戰前中日秘密交涉為例〉

蔣介石對抗日的態度，歷來是一個備受爭議的問題。根據新披露的檔案顯示，所有議和之舉顯為日方所主動，蔣並不排斥。蔣之接受議和，向與內外壓力有關，其中含有消息傳遞不確或對日方妥協意圖估計過高的判斷錯誤在內。蔣在抗日問題上最值得討論者是，抗戰前期實際上缺乏持久戰的觀點，較多地寄望於外力的幫助與干預。

（三）黃道炫（中國社科院近代史所）：〈緬甸戰役蔣介石、史迪威的失敗責任問題〉

史迪威在緬甸戰役指導中，過分強調進攻，沒有注意到戰場的實際情況，造成中國軍隊分割使用，疲於奔命，處處為英軍堵漏洞的惡果，應負戰略指導及具體指揮錯誤的主要責任；蔣介石雖對緬甸作戰有一些正確設想，對史迪威的錯誤指導也做過一些抵制，但在戰役中、後段，因怕開罪美國，放棄指導責任，遷就史迪威的錯誤指揮，也有不可推卸的責任。

（四）家近亮子（日本敬愛大學國際學部）：〈**蔣介石外交戰略中的對日政策——作為其歸結點的「以德報怨」講話**〉

　　1945年8月15日，蔣介石發表〈抗戰勝利告全國軍民及全世界人士書〉，此一講話在日本被稱為「以德報怨」講演，受到高度評價，但蔣氏所決定的放棄戰爭索賠的這一政策，阻礙了日中戰爭真正意義上的結束。換言之，它把日本的戰爭責任集中在不具備實質內容的口頭上的「反省和賠罪」。其結果，戰後處理並沒有得到根本解決，中國經常要求日本在口頭上「反省和賠罪」，以加深「歷史認識」。

（五）陳三井（臺灣中央研究院近史所）：〈**蔣介石眼中的俄國顧問——以鮑羅廷為中心之討論**〉

　　本文主要根據《蔣總統事略稿》資料，探討蔣介石與鮑羅廷之間欲迎還拒、若即若離的微妙關係。在蔣眼中的鮑羅廷，專橫、飛揚跋扈、目中無人，曾公開面斥蔣，詆毀黨部，壓迫別人，這是蔣氏所不能忍受者。鮑羅廷以顧問之尊，反客為主，與蔣介石爭權，並主導分裂國民黨的活動。畢生以追求革命應獨立自主、操之在我的蔣介石，視鮑羅廷的干預掣肘為革命之障礙，自然無法容忍，不得不採取斷然措施，於是雙方的革命合作關係便劃下了休止符。

（六）王正華（國史館）：〈**國民政府北遷後蔣中正驅逐鮑羅廷之議**〉

　　本文主要根據國史館庋藏《蔣總統事略稿》、《困勉記》、《省克記》等資料，探討國民政府北遷後到寧漢分裂前，蔣氏與鮑羅廷衝突的原委，並分析蔣中正進行驅逐鮑羅廷的心路歷程以及所反映的艱難處境。

南京之會，共舉行36場分組研討，發表110篇論文，有關蔣介石的論文恰好也是6篇，但多半集中在內政問題上。它們是：

（一）楊天石（中國社科院近代史所）：〈蔣介石和上海證券物品交易所〉

孫中山為籌措革命活動經費，曾聯合虞洽卿等人倡辦上海證券物品交易所，張靜江、戴季陶、蔣介石、陳果夫等國民黨人都曾投入其經營活動，並透過交易所業務給予革命活動以經費支持，但1921年冬至1922年初，交易所因畸形發展而突然嚴重衰退，蔣等人投入的資本都嚴重虧損。透過交易所的經營活動，蔣介石有機會深入了解上海資產階級，飽受其排擠、壓榨之苦；同時，也親身感受到外國資本家的壓迫。凡此種種，增強了其社會改造思想。

（二）張憲文（南京大學）：〈試析蔣介石早年對共產黨的態度〉

蔣介石最終與共產黨分道揚鑣，堅決反共，有著極為複雜的因素。蔣氏早年並無反共言行，訪蘇歸來思想發生變化，反對社會主義制度，反對孫中山的聯俄容共政策，但孫氏並未採納他的建議。1926年上半年開始，蔣介石逐步走向反共道路，加緊策劃防制共產黨的謀略。

（三）申曉雲（南京大學）：〈「四一二」前後的蔣介石與列強〉

根據過去教科書的既定結論，蔣介石是在列強的支持下發動「四一二事件」（清黨），建立南京政權的。作者利用英美外交檔案，重新審視這個問題，探討列強對華政策是否與這場事變直接相關？英、美、日主要列強對新成立的南京政權態度是否一致？

（四）董國強（南京大學）：〈**略論 1932-1935 年間蔣介石個人權力的擴張**〉

蔣介石利用「剿總」、「委員長行營」等軍事指揮機構，對各級政權的滲透和擴張，強化了蔣氏個人的權威，使得民國政治重返軍政狀態。他通過對許多地方各級政權黨政軍事務的牢固控制，架空了汪精衛領導下的中央黨政機構，最終在1935年實現了擺脫汪精衛牽制，建立個人軍事獨裁統治的政治目標。

（五）陳三井（臺灣中央研究院近史所）：〈**蔣介石眼中的民國人物——以《蔣總統事略稿》為中心之討論**〉

本文主要根據《事略稿》，把蔣氏論評民國人物的資料，依時間先後，分（1）亦師亦友，肝膽相照篇；（2）革命同志，漸行漸遠篇；（3）地方派系，翻雲覆雨篇；（4）豪門國戚，矛盾叢生篇；（5）共黨人物，壁壘分明篇，論述蔣氏對孫中山、陳英士、張靜江、戴季陶、吳稚暉、陳炯明、胡漢民、汪精衛、張學良、閻錫山、馮玉祥、孔祥熙、宋子文、孫科、周恩來、毛澤東等人的好惡及評價。

（六）溫銳、戴利朝（江西師大）：〈**蔣介石時代的終結——論 1946 年前後蔣介石與中國歷史的走向**〉

在1946年前後的一年左右時間，中國的社會與政治出現了一個全新的面貌：中國共產黨人在政治鬥爭中的成熟與實力的壯大，為因抗日戰爭所出現的「一國兩制」和抗戰時期所發展成長的民主力量，在戰後的生長與發展奠定了基礎。而戰後國民黨統治力量的削弱，以及它所面對的戰後社會與經濟恢復的困難和國內外全新的政治形勢，規

定了它必須放棄昔日傳統的一統模式，選擇「一國兩制」與社會多元化的發展方向。然而蔣介石高估了自身的力量，低估了中共與民間民主黨派的力量，選擇了內戰與獨裁的統一觀，其結果，終結了國民黨在大陸的統治時代，影響了二十世紀中國歷史的發展進程。

除了蔣介石這一方興未艾的新課題引發熱烈討論外，在北京之會魏斐德（F. Wakeman）所提的〈戴笠的通訊系統〉、章開沅所發表的〈參與的史學與史學的參與〉兩文，都饒有興味，引起與會者的重視。

去政治化：從開幕典禮到綜合討論

一次具有指標作用的國際學術討論會，重頭戲當然首推論文的報告和討論過程，但大家同樣對最後的綜合討論懷抱無限的期待，因為透過集思廣益的腦力激盪，可以檢討過去的研究成果，並展望未來新領域的開拓。最不討喜的大概就是開幕典禮，往往過多官式的政治性講話，令人索然無味。不過，這次南北兩會，是筆者歷來參加大陸學術討論會中最不具政治意味的會，可見大陸學術界也在逐漸去政治化，向學術專業化之路邁進。

值得一提的是，北京之會由東道主張海鵬所長提出一篇擲地有聲的開幕詞，對近代中國與世界的關係做了精闢的剖析，為百年來的中外關係做了一次總結。張氏首先指出，「近代中國與世界，是一個長盛不衰的話題，中國是一個歷史悠久的國家，中國與周邊國家，與西方國家發生關係，經歷了長久的年代。鴉片戰爭以前，以中國為中心

形成了東方式的國際關係體系。中國並不關心西方世界的發展。歐洲資本主義的發展以及殖民主義的擴張，通過鴉片戰爭把中國與世界緊密地聯繫在一起。西方式的國際關係體系以大砲為前鋒，把貿易和殖民體系迅速推向東方，以道德和尊嚴相維繫的東方式國際關係體系敗下陣來。中國在屈辱、賠款、割讓土地和主權被侵蝕的不良國際關係環境中，苦苦掙扎。中國在與世界的關係中不能不扮演一個被動的角色。到了二十世紀初，無論從國際關係的角度說，還是從國內歷史進程的角度說，中國國勢的「沉淪」都到了谷底。在失敗和屈辱當中，中國的先進分子在思考並且開始覺醒起來。在東西方各國留學，學習了西方社會政治思想、政治制度和新的生產方式的新式知識分子群體出現了。中國人在1919年巴黎和會上第一次對西方國際社會秩序說了「不」。一批熟悉西方文化傳統的人，從孫中山起，開始在中國探索並試圖建立不完全與西方相同的社會政治秩序。這種探索，在20世紀，特別是在20世紀的下半葉，非常明顯地進行著，並且開始取得成績，包括建立新型的中國與世界的關係」。

　　回顧20世紀的歷史，考察中國與世界的關係，張所長特別突出以下三個年代：

　　1900年：當20世紀剛剛拉開帷幕不久，在中國大地上便發生了一場規模巨大的義和團反帝運動，隨之而來的便是八國聯軍的入侵，其結果是中國遭受自鴉片戰爭以來最為慘重的損失，已經殘缺的國家主權進一步淪喪。〈辛丑條約〉明確規定了中國在世界的地位，中國在屈辱中跨進了20世紀。

　　1945年：抗日戰爭的勝利，是近代中國歷史由衰轉盛的轉折點，

是20世紀中國歷史的分水嶺。在這一年，中國參與籌建聯合國，成為繼美、蘇、英、法之後的世界五大強國之一，中國的大國地位由此而奠定。1949年以後，中國進一步可以對舊的世界秩序說「不」，開始坦然地面對世界，面對未來，並且信心百倍地努力為世界的和平與發展貢獻自己的力量。

2000年：在中共建立政權後，經過艱難的摸索和走過曲折的道路，終於找到了一條具有中國特色的社會主義通往現代化的道路，並勇敢地向世界開放。中國即將在2000年內或稍後不久加入W.T.O.，這不僅表明中國的發展需要世界，而且表明世界的發展更需要中國。2000年對中國而言，實在具有極為重要的意義，意味中國將不再是世界的一個被動因素，而是世界的一個積極因素。進一步而言，中國將是國際社會平等一員，將為世界的發展和人類的進步做出貢獻並提供新鮮的經驗。

在綜合討論方面，北京之會由張海鵬所長主持，充分發揚敬老尊賢的傳統美德和尊重地域分配的原則，先後安排吳承明、齊赫文斯基、安藤彥太郎、章開沅、魏斐德、李文海、茅家琦、張玉法、龔書鐸、山田辰雄、施樂文、丁守和等12人做指定發言，他們稱得上都是年高德劭的史學界大老，其中吳承明、齊赫文斯基、安藤彥太郎三人的年齡都已超過八十歲，章開沅、丁守和、茅家琦、龔書鐸等幾位則逾越七十歲，其餘諸位也都在六十開外。老而彌堅的經濟學前輩吳承明認為此次盛會論文近百，紮實而富新意，多能從史料和史實出發，不憑空立論，保持實證主義的色彩，故為成功之會。齊赫文斯基建議多探討中國對世界的影響和貢獻，例如移民、華僑與華工問題。章開

沅則呼籲，在大環境重科技冷落史學之下，史學家不但不應自暴自棄，更要積極參與史學，賦予歷史新生命，使史學充滿活力與魅力。張玉法提出分階段探討中國與世界關係的建議。施樂文認為有的報告太冗長，讓人有「不怕槍，不怕砲，只怕聽大報告」的痛苦，他建議多關注中國與世界各國的雙邊關係。佳言宏論不少，不及一一備載。等到自由發言時，筆者一馬當先，等不及到八十歲才發言，對會議的技術性問題，提出洋洋灑灑的善意批評和具體建議，頗引起共鳴。

參觀古蹟時，金沖及教授與近史所前後三任所長合影，左起：呂芳上、陳三井、張玉法、金沖及。

南京之會的綜合座談，以「中華民國史研究的回顧與前瞻」為主題，由張磊先生主持，引言人有山田辰雄、賴澤涵、魏萼、呂芳上、薛君度、戴安娜、楊天石、薩馬拉尼、齊錫生、費約翰、高念甫、裴京漢等，接著自由發言的有黨德信、尚明軒、劉曼容、吳景平、朱宗震、張同新、張力、李國祁、呂明灼、吳天威等。建言琳琅滿目，美不勝收，無法一一贅述。僅舉呂芳上教授的

意見做為代表，以見一斑。呂所長認為南京之會的論文議題仍以政治史為多，故建議大家開拓新領域，諸如家族史、疾病史、婦女史、華人史、邊疆或少數民族史等。他更盼望，以後的學術會議，能夠以比較簡單的餐飲，享用更為豐盛的論文大餐，這應該也是中外學者共同的心聲。

（原載《近代中國史研究通訊》，31 期，頁 1~11，民國 90 年 3 月）

註1： 張海鵬，「第二屆近代中國與世界國際學術討論會」開幕詞。
註2： 參閱《漢學研究通訊》，卷19期4（2000年11月），頁640-643。

武漢東湖之會
——「紀念辛亥革命九十周年國際學術討論會」側記

辛亥盛會，群賢畢至武漢

　　辛亥革命是中國悠久歷史長卷中光輝的一頁。今年正好是武昌首義九十周年，海峽兩岸都分別舉行各式各樣的研討會以為紀念。在臺北，由中國近代史學會於九月底所主辦的「近代中國的改革與革命——紀念辛亥革命九十年」精緻型的座談會，首先揭開了序幕，而以中國國民黨文化傳播委員會黨史館、中正文教基金會、中央研究院近代史研究所等單位於十月初聯合舉辦的「辛亥革命九十週年國際學術討論會」，最具規模，最稱隆重。但這可是臺灣僅有的兩次。

　　時序從九月邁入11月，在大陸從北京到南京，從武漢到長沙，從廣州到南寧等地，大大小小、同性質的紀念討論會，估計至少超過十次以上，真是漪歟盛哉，美不勝收！而論其規格和質量，無疑以在武漢舉行的「紀念辛亥革命九十周年國際學術討論會」

攝於東湖賓館南山新村門前

會場留影

最受重視，這也是大陸四第次全國性的辛亥革命討論會，其主題是「辛亥革命與二十世紀的中國」。

是會由中國社會科學院、中國史學會、湖北省社會科學聯合會、武昌辛亥革命研究中心等機構共同舉辦，於10月16日至19日一連四天，假風景秀麗、滿園桂花飄香的東湖岸邊的東湖賓館南山新村舉行。名湖盛會，相得益彰。故有人以之與東漢章帝時的白虎觀會議、宋代的鵝湖之會相提並論，事實上論其規模與重要性，殆有過之而無不及。

武漢不僅是辛亥革命的首義之地，半個世紀以來，武漢地區的中國近代史學者在使命感的驅策下，經過數十年的辛勤耕耘，對辛亥革命史的研究亦留下豐碩的成果，成績斐然，開創了幾乎獨一無二的「品牌」，成為名符其實研究辛亥歷史的重鎮。誠如以將近一輩子時間鍾情於辛亥革命的章開沅教授自豪地說：「經過多少風風雨雨，曲折坎坷，辛亥革命史研究從小到大，從低到高，

從弱到強，終於發展到現在這樣的水平。其學氣之旺，人才之盛，持續之久，均已為海內外史學界所認知。」[註1]

　　逢五逢十，擴大慶祝辛亥革命或孫中山的活動，這是中共當局的政策。所以另一方面，辛亥盛會在武漢舉行，也有著四十年光榮而悠久的傳統，值得稍加回顧。1961年是辛亥革命五十周年，在漢口召開了第一次全國性的辛亥革命學術討論會，共有一百多人與會，除老中青三代的歷史學者外，最值得注意的是還邀請了多位參加武昌起義的革命老人出席，例如擔任武昌工八營共進會總代表、在武昌首義中打響第一槍的熊秉坤，漢陽作戰時擔任黃興參謀長的李書城，同盟會老會員、川路運動領導人吳玉章，湖北辛亥領導人張難先等。

　　1971年10月的六十週年，恰逢文化大革命的動盪歲月。9月13日，當時的副統帥林彪發現自己的反黨陰謀敗露，倉皇乘飛機出逃，摔死在蒙古人民共和國的溫都爾汗。在政情高度緊張下，當然沒有可能舉行一次與當前政治並無直接關係的紀念性史學討論會。1981年、1991年相繼在武漢舉行辛亥革命七十周年、八十周年的討論會。1981年的第二次會議，有中外學者一百多人出席，主題是「辛亥革命與中國資產階級」，日本辛亥革命研究會的多數成員受邀參加。1991年的第三次會議，開幕式在武漢華中師大科學會堂舉行，主題是「辛亥革命與近代中國」，亦廣邀歐美、日韓、香港等地區學者參加。臺灣則有劉鳳翰、張朋園、張玉法三人提交論文。

　　2001年10月的第四次會議，共約140人參加，其中有大陸學者87人，中國旅日旅美學者3人，美國、法國、俄羅斯、澳洲、日本、韓國等六個國家的學者22人，港澳學者3人，臺灣出席的學者有蔣永

與會台灣學者合影，左起：黃自進、劉維開、唐啟華、蔣永敬、張玉法、邵銘煌、朱浤源、陳三井、李朝津。

敬、張玉法、劉鳳翰、陳三井、朱浤源、唐啟華、黃自進、李朝津、邵銘煌、劉維開等10位，邵玉銘、胡春惠二人雖報名而臨時因故未到會。這是自有辛亥革命討論會以來，臺灣學者出席最踴躍的一次，也是陣容最為整齊的一次，對於促進兩岸學術交流具有指標性的重大意義。

論文評選與宣讀

這次討論會共提交論文102篇，其中，中國大陸學者提供65篇，除二篇係特約稿外，其他63篇是經由應徵的206篇中嚴格評選出來的。由於大陸史學隊伍人才濟濟，研究陣容堅強，在重要的國際學術討論會採取事先評選論文的辦法，已不乏先例。據主辦單位規定，對中國大陸學者採取廣泛徵集、重點組織、專家評審、擇優入選的辦法，秉持公開、公平、公正的甄選原則，最後從應徵的206篇論文中只選取了63篇，入選比例僅佔三分之一強，因

此造成不少遺珠之憾！可以想見的是，有的單位資深的教授可能名落孫山，而年輕的講師甚至研究生入選。雖說一篇論文並不能完全代表個人學術業績的總和與地位，但事關面子問題，加以僧多粥少，難免不會不引來一些質疑和閒言閒語。這種只講學術、不顧人情，「不怕不識貨，只怕貨比貨」的強硬作風，這種不惜開罪「大師」、「大人物」的違反傳統作法，以目前臺灣的學術生態而言，一時恐還不容易做到。

對外國學者和港澳，還有臺灣的學者，大會則採取提名邀請的優待辦法，不必事先審查論文，沒有過濾，勿須篩選，一切照單全收，完全符合傳統一貫的待客之道。但久而久之，不平則鳴，遠來和尚不一定會念經，所以不免有些雜音出現。或許內外一視同仁，憑論文質量登堂入會，才是最好的政策。

討論會分大會發言和分組討論兩種形式進行。大會發言共舉薦李文海、汪敬虞、張屹之、巴斯蒂、章開沅、張玉法、狹間直樹、霍啟昌、虞和平等九位報告論文。分組討論每天四個會場，共分十六場進行，其主題分別為辛亥革命時期的政局、辛亥革命運動與起義、辛亥革命時期的政治集團、孫中山研究、辛亥革命時期相關人物研究（一）、辛亥革命時期相關人物研究（二）、辛亥革命與中華民族的認同、辛亥革命時期的經濟發展與商界活動、辛亥革命時期的國家和社會（一）、（二）、辛亥革命時期的思想和文化（一）、（二）、（三）、辛亥革命涉外問題與國際社會（一）、（二）、辛亥革命學術史研究。

大部分的論文都是依循治史的嚴謹態度，繼續發掘辛亥革命的有

關史料,以新材料的發現帶動學科的深入和細化。但也有幾篇屬於回顧性的總結,對於日後研究的拓展,提供領航指引的作用。這些論文包括嚴昌洪(華中師大)的〈廿世紀九十年代中國大陸辛亥革命研究綜述〉、陳錚(中華書局)的〈近二十年辛亥革命史研究著作和資料出版概述〉、張海鵬(中國社科院近代史所)的〈五十年來中國大陸對辛亥革命的紀念與評價〉、張玉法(中央研究院近史所)的〈臺灣地區學者對辛亥革命的研究(1950～2000)〉、劉維開(中國國民黨黨史館)的〈中國國民黨對辛亥革命史料的徵集與運用〉。

這次討論會在議程進行方面,還有兩項特色值得一述。其一是,不專設分組討論召集人,而由該場論文報告人中擇其中兩位(雙主席,可各主持一半)擔任,一者節省人力,一者就地取才,擴大參與。其二是,不另設評論人,以增加討論時間。故原則上,大抵做到「個個有節目,人人有機會發言」的設計,以致場場討論熱烈,充分發揮「以文會友」,學術交流的效果。

參觀革命史蹟

在嚴肅而冗長的論文報告和討論之外,大會也安排了兩次參觀活動:一是乘船遊湖,飽覽東湖湖光山色之靈秀,讓大家身心為之舒暢;另一次是驅車進城,參觀了「辛亥革命武昌起義紀念館」和各項革命史蹟。茲分述如下:

(一)紅樓──鄂軍都督府

　　鄂軍都督府舊址位於武昌蛇山南麓，原為清朝湖北諮議局局址，紅牆紅瓦，武漢人稱之為紅樓，始建於1909年，次年竣工。1911年10月10日，辛亥革命武昌起義爆發，翌日，革命黨人即在此組建中華民國軍政府鄂軍都督府，推舉黎元洪為都督，發布文告，宣告廢除清朝宣統年號，建立中華民國，並號召各省響應，從而引發了全國性的革命風潮。在辛亥革命時期，鄂軍都督府的地位十分重要。在1912年元旦中華民國臨時政府在南京成立之前，鄂軍都督府一度代行中央軍政府的職權。因此，鄂軍都督府舊址被譽為「民國之門」。重修開放後的鄂軍都督府，雄偉壯觀，氣象一新，其硬體建築主要包括三部分：

攝於鄂軍都督府前

（1）都督府會議廳

　　原為諮議局的議場，革命黨人入駐後，即改為都督府會議廳，佈置典雅莊重。1912年4月，孫中山訪鄂期間，曾在此發表過演講。主席台上部署有十八

與羅福惠（左）、林家有（右）兩位教授
合影

星旗，象徵全體漢族同胞團結起來，以「鐵血精神」推翻滿清王朝的統治。十八星旗後來成為中華民國的陸軍旗。

（2）黎都督起居室

位於舊址二樓東端，正對侍衛官室。黎元洪原為清湖北新軍第二十一混成協統領，武昌起義後被推舉為大都督，黎元洪不願就職，革命黨人即將其安置於該室，由侍衛官照顧其日常生活起居。

（3）都督府五部

五部是指軍令部、軍務部、參謀部、民政部和外交部。其中軍令部、軍務部、參謀部為軍事部門，三部均懸掛內容有別的巨幅軍事地圖，以烘托歷史氣氛，並便於遊客直觀地了解陽夏之戰。民政部由原湖北諮議局議長湯化龍擔任部長，該部專司地方行政事務；外交部成立稍後，主掌外交事宜，該部的成立是鄂軍都督府代行中央軍政府職權的標誌之一。

（二）辛亥革命武昌起義史蹟陳列

辛亥革命武昌起義紀念館於1981年10月正式建館，除了硬體的紅樓建築之外，紀念館最重要的陳列，即是有關武昌起義史蹟的展覽，以文物真蹟、歷史圖片、藝術創作以及圖表、模型和場景等，有系統地展現了武昌起義的歷史。

展覽內容分七部分。第一部分題為「清朝末年的湖北武漢」，以對比的方式展示了武昌起義爆發前的社會背景，一方面是列強的侵略，一方面是中國社會的變化。第二部分題為「反清革命的孕育」，

以反清革命團體的成立、發展和結合為脈絡，著力表現了革命黨人的犧牲精神和艱苦卓絕地運動新軍的活動。第三部分題為「武昌起義」，這是展覽的主體部分區，分大小兩個展區，先用一個小展區介紹起義的過程，接著用一個大展區以背景油畫、雕塑組合成武昌起義的大場景。當觀眾步入場景區時，彷彿與起義士兵一起接受戰火的洗禮，並感受他們的豪氣和分享他們首義成功的喜悅。

第四部分題為「鄂軍都督府的建立」，該展區天棚懸掛的圓弧狀的藍色織物如起伏的波浪，象徵著革命高潮已經到來；仿鄂軍都督府舊址紅樓外牆製作的展牆上，排列著當年率先起義的革命領導人。第五部分題為「陽夏保衛戰」，這裡的展牆是傾斜的，予人以壓抑和失重的感覺，表現了陽夏戰役的悲壯和慘烈；副線上的「都督拜將」是展區的亮點，栩栩如生的黃興蠟像正向你揮手致意，那是剛剛受任戰時總司令的黃興從拜將台上走來。

攝於孫中山雕像前（一）
左起：陳三井、劉紅、黃自進

攝於孫中山雕像前（二）
左起：陳三井，陳來幸、石川禎浩

第六部分題為「各省響應，民國肇建」，這裡的展牆是波浪式的，象徵革命的浪潮席捲全國；中華民國的五色旗懸掛天棚，而清朝的黃龍旗破損、滑落，寓意是民國建立了，皇權自此終結。第七部分題為「紀念武昌起義」，展區明亮、輝煌，彩照反映了這場革命在人們心目中的地位。洶湧的波濤上浮現的孫中山像和他的名言，除讓你感慨萬千外，也意味著孫中山和辛亥革命先烈們，將世世代代永為人們所紀念！

（三）沈漢生辛亥文物珍藏

這是一家依托紀念館而建立的個人收藏館，館主沈漢生，耗費兩代人心血與家財，歷時半世紀，搜羅辛亥革命珍品數百件展出。展覽分中山紀念、清宮遺物、鐵血見證、名流翰墨、文物集粹、共和紀念等六組。有幸看到革命前夕民間使用的大紅花轎、雕花木床、水煙袋等物，竟然在關鍵處暗鑲有五色旗或十八星旗，可見革命思想已深入民間。

（四）起義門

原稱中和門，為紀念起義而改此名。當年新軍佔領楚望台軍械庫後，續扭斷中和門鐵鎖，迎接原駐南湖的砲兵第八標進城，並聯合蛇山砲兵發砲攻打總督府，總督瑞澂聞砲隊發難，在署後圍牆鑿穿一洞，倉皇登上停泊江面的楚豫艦，逃往漢口。瑞澂一逃，對清軍士氣頗有影響，這是武昌首義成功的一大關鍵。

回顧與展望

　　十年樹木，百年樹人。根據華中師
大嚴昌洪教授的觀察，近十年來大陸的
辛亥革命研究開創了如下新局面：

（1）辛亥革命研究改變了從前單兵
　　　作戰的狀況，湧現了一批以辛
　　　亥革命為主要研究方向的研究
　　　機構和研究群體。

（2）辛亥革命研究結束了從前「小
　　　冊子」的時代，各具特色的學
　　　術專著陸續出版。

參觀武漢大學，與嚴昌洪教授合影

（3）大陸學者除把辛亥革命研究引
　　　向世界，使之成為中外學者共
　　　同關注的一門「顯學」外，較
　　　多地注視到海外史學研究的新
　　　進展，翻譯介紹了其中一些有
　　　代表性的成果，並加強了與海
　　　外學術界的交流，特別是與臺
　　　灣同行的對話。

（4）除辛亥革命的史料整理出版工
　　　作出現大豐收的局面外，研究
　　　成果的豐碩、研究面的擴展、

研究問題的深化等，在在都取得令人矚目的成就。[註2]

　　然而從總體上看，辛亥革命研究尚未達到完全成熟的水準，薄弱環節以至空白地區仍多，尚有許多課題值得大家花大力氣去探討，還有大量工作有待後繼者去完成。放眼新世紀的來臨，在前人紮實的既有基礎上，相信辛亥革命研究必可開闢出一番新局面來。再者，大家不妨相約，在2011年10月的紀念辛亥革命一百周年討論會，乾脆易陸為水，乘船順著長江東下，沿著響應武昌首義的路線前進，由武漢而九江、安慶、南京、上海，泛舟縱談革命軼事，煮酒高論英雄人物，冶開會論史、參觀古蹟和旅遊景點於一爐，豈不妙哉！

　　　　　（原載《近代中國》，145 期，頁 215~221，民國 90 年 10 月）

註1：嚴昌洪，〈辛亥革命研究的新進展──1990~1999年辛亥革命研究述評〉，收入華中師範大學中國近代史研究所編，《辛亥革命與廿世紀中國》（湖北人民出版社，2001年10月出版），頁18-19。

註2：嚴昌洪，〈二十世紀九十年代中國大陸辛亥革命研究綜述〉，「紀念辛亥革命九十周年國際學術討論會」論文。

八千里路大陸行

——華僑協會總會大陸學術訪問團散記

楔子

　　由於行程遲遲無法敲定，因為成員的一再變動，幾經大陸方面的三催四請，華僑協會總會大陸學術訪問團一行在張希哲理事長率領下，終於踏出豪邁的第一步，向大陸「進軍」。日程自1997年7月21日至8月9日，恰在「迎接香港回歸，共創美好未來」的九七餘溫之際，先後訪問了北京、南京、上海、廈門、泉州、漳州、汕頭七個城市，使用了飛機、火車（從南京到上海）、遊覽車（從廈門經泉州、漳州到汕頭）三種不同的交通工具，北往南來，起早趕晚，風塵僕僕，上下縱橫殆不只八千公里。

　　此行為期長達20日，所見所聞所感，頗有值得一記之處。隨興之所至，就個人印象較為深刻的四大主題，分別加以簡要敘述。

訪問團與海協會副會長唐樹備合影

參訪學術機關

訪問團一行11人，來自中央研究院近史所與淡江大學成員超過半數，所以參觀訪問大學與學術機關，加強交流，亦是此行的主要目的之一。

北京大學

北京大學有悠久的歷史，明年將迎接它的一百周年生日（按京師大學堂始創於1898年），目前是大陸發展高等教育的「二一一工程」首批重點支持的兩所大學之一。現址為當年燕京大學的「燕園」。常務副校長遲惠生（電子學教授）在臨湖軒（前燕大校長司徒雷登官邸）接待大家，並與北大相關學者舉行座談，交換出版品。會後參觀該校賽克勒考古藝術博物館，並集體到校門口「風入松」書局逛書店購書。

中國社會科學院

中國社會科學院成立於1977年，現有考古、歷史、近代史、世界歷史、台灣研究等三十一個研究所，全院總人數超過四千人。因時間所限，我們僅參觀了近代史研究所，由張海鵬所長、耿雲志副所長接待，見到了楊天石、李玉貞、蔡德金（北師大）等教授。張所長深以歷史研究號召力不大，年輕人不來，後繼無人為嘆，會後，王洛林副院長假國際大飯店二十八樓旋轉餐廳召宴。

第一歷史檔案館

第一歷史檔案館由原故宮檔案館改名，直屬中共中央辦公廳，以典藏明清兩朝檔案為主。我們的到訪，受到即將卸任的徐藝圃館長和即將上任的邢永福館長的熱烈招待，除了參觀檔庫與皇史宬的石室金匱外，中午並假北海公園的「仿膳飯庄」隆重設宴，讓我們品嘗了一頓用料華貴、菜點繁多、技藝精湛，兼具傳統風味御膳性質的滿漢全席。

南京大學

南京大學的前身是中央大學—東南大學—南京高等師範。在莊樹聲校長接待下，我們得知，該校正在編纂一套《中國思想家叢書》，從孔子到孫中山，共200人，目前已出版五十種。

南京曾是中華民國臨時政府和國民政府的首都，在民國史上有特殊的地位，為了推動民國史的研究，南大於1993年設立了中華民國史研究中心，以張憲文教授擔任主任，除召開學術研討會，出版《民國

研究》（目前已出版三期）年刊外，並禮聘國內外在民國史研究領域成績卓著的六十多位學者出任客座教授，共同為民國史研究的欣欣向榮而努力。

第二歷史檔案館

第二歷史檔案館於1951年2月1日成立，原名為中國科學院歷史研究所第三所（即近代史研究所）南京史料整理處，館址設在南京市中山東路三〇九號，即原「中國國民黨中央黨史史料編纂委員會」的舊址，其收藏的檔案，主要有五部分：

1. 南京臨時政府和南方軍政府檔案；
2. 北京民國政府檔案；
3. 南京國民政府和國民黨中央機關檔案；
4. 汪偽政權檔案；
5. 人物檔案。

目前該館正在整理《中研院史料匯編》、《馮玉祥來往書信選》、《民國人物圖像》，不久即可出版。

上海社會科學院

上海社會科學院於1958年正式成立，目前有經濟、歷史、哲學、亞太等十六個研究所，並另設有台灣研究中心。訪問團由張仲禮院長親自接見，據透露，歷史所所長熊月之所主編的《上海通史》共十五卷，將於1999年出版。另為慶祝該院成立四十週年，經濟所、歷史所均將籌開一系列的國際學術研討會。上海的改革開放和經濟上的生機

勃勃，氣象萬千，該院在理論的研究方面一直扮演著龍頭的角色。

廈門大學

　　廈門大學是我們此行參訪的重點之一。在細雨霏霏中，我們參觀了南洋研究所（院）和台灣研究所。南洋研究所成立於1956年10月，目前設有政治經濟研究室、華僑研究室、歷史研究室。政治經濟研究室主要研究東南亞國家的政治、經濟、社會和國際關係問題以及亞太經濟和發展中國家經濟。華僑研究室主要研究東南亞華僑史和華僑經濟史。歷史研究室主要研究中國與東南亞關係史和東南亞歷史。現任所長為廖少廉教授，在此也遇見了去年曾來台開會的林金枝、李國梁兩位教授。

　　台灣研究所成立於1980年，對台灣史及台灣政經社會問題的研究，素著聲譽。目前該所分設政治、經濟、歷史、文學四個研究室，現任所長為范希周教授，在此也有幸與幾位老朋友，如陳在正、陳孔立、鄧孔昭等敘舊。該所主編出版的《台灣研究集刊》，在海內外學術界甚獲肯定。

華僑大學

　　位於泉州的華僑大學，創辦於1960年，專為海外華僑青年回國受教育而設，目前有理、工、文、商、法、旅遊、藝術等十八個系（部），並設有成人教育學院、（集美）華文教育中心和大學先修部（預科）。校地寬廣，建築雄偉有規劃，各項設施完備，令人印象深刻。校長莊善裕平易近人，熱誠、好客、善飲，把華僑大學辦得有聲

有色，至為難能可貴。

仰恩大學

　　始建於1987年，係旅緬甸泉州華僑吳慶星為紀念其父親吳善仰、母親杜恩而獨資捐款興建，共設市場營銷等四個系，係屬商貿學院性質，校舍美觀新穎，惟距市區較偏遠。學生約一千八百人，有外籍老師二十餘人，採聘任制，待遇較高，經評鑑後合則留，不合則去，無傳統大學之人事包袱，在大陸尚屬創舉新猷。

汕頭大學

　　汕頭大學係香港富商李嘉誠捐資11億，於1981年所創辦，含有文、理、工、法、商、醫和藝術學科的綜合性大學。校園依園林專家、美術專家的設計而規劃，既是風景區，又是充分綠化和美化的一個大學城，建築新穎，氣勢磅？風格高雅，環境優美，真是學習深造的好地方。

　　此外，我們還訪問了上海復旦大學，參觀了落成不久的上海圖書館以及集美學村，因篇幅所限，在此從略。

華僑研究資訊的采集

　　在慶祝本會成立五十周年紀念專輯（僑協雜誌第五十六期）中，筆者曾特別強調，材料是學術研究不可或缺的養分，呼籲加強有關期刊、學報、圖書、檔案方面的蒐集。蒐集時，不僅要重視前人已發展

的專書專著，更不能不注意最新的研究成果。惟研究必先「充分掌握資訊」（keep-informed）或「精通善用資訊」（well-informed），訪問團此行在研究資訊的采集方面有滿意的收穫，茲分述如下：

從座談會得到的研究資訊

訪問團在大陸，先後在北京與中國華僑歷史學會、北京大學亞太研究所、汕頭大學東南亞研究中心、汕頭華僑歷史學會等單位，進行了多次的座談會。有關華僑學術的研究方面，以下是大陸學者提出的意見：

（1）丘立本（北大世界所）

華僑研究在方法和視野上，有待更上一層樓。面對廿一世紀，華人研究可聚焦於：

    1. 華人移民與世界移民的關係

    2. 華人移民與資本主義的發展關係

    3. 華人移民與其他族群的比較，與其他各國社會的比較

（2）周南京（北大亞太中心）

    1. 先易後難，以兩岸為限，量力而為，不求一步登天。

    2. 兩岸宜各自成立小組推動華僑研究。

    3. 不搞重複勞動，以免浪費人力物力。

（3）譚天星（北京海交會）

華僑研究宜力求深化。

（4）朱慧玲（北京海交會）

華僑研究應走向跨學科的綜合性研究。

（5）蕭效欽（汕頭大學）

提出加強兩岸合作與開展研究新領域兩大建議。在加強合作方面
有——

　　1. 合作研究課題，分工而不重複。

　　2. 定期召開華僑學術研討會，由兩岸輪辦。

　　3. 出版品交流，互邀學者訪問或講學。

　　4. 分類分地出版華僑研究目錄。

在開展研究新領域方面——

　　1. 華僑新興財團之研究。

　　2. 新移民的研究（著重華人現代科技成就）。

　　3. 僑鄉（如廈門、泉州、汕頭等）之研究。

從交流獲得的研究成果

這方面的收穫，最為豐碩，獲贈的資料透過郵寄一包包的寄回
來，真是滿載而歸。

（1）期刊方面

有廈大南洋研究所的《南洋問題研究》和《南洋資料譯叢》；泉
州華僑歷史學會的《華僑史》（已出版至第七輯）；汕頭華僑歷史學會
的《汕頭僑史論叢》（已出版兩輯）；汕頭大學的《潮學研究》、《華
文文學》；廣東華僑華人研究會的《華僑與華人》；中國華僑華人歷

史研究所的《華僑華人歷史研究》等。

（2）專著方面

廈大南洋研究所已出版有《東南亞五國經濟》、《東盟國家經濟發展戰略研究》、《東南亞華僑經濟簡論》、《近代華僑投資國內企業史研究》、《印尼華僑史》、《契約華工史》、《中國封建政府的華僑政策》、《南洋諸島史地考證集》、《明代海外貿易史》、《中國帆船與海外貿易》和《「荷使初訪中國記」研究》等。北京大學出版有《印度尼西亞近代史》（王任叔著，周南京整理）。

（3）晚近各地華僑志的纂修，蔚為風氣，已出版者有

《廣東省志——華僑志》（廣東省地方史志編纂委員會編，廣東人民出版社，1996年12月）、《泉州市華僑志》（泉州市華僑志編纂委員會編，中國社會出版社，1996年2月）、《漳州華僑誌》（漳州市人民政府僑務辦公室編，廈門大學出版社，1994年8月）、《廈門華僑志》（廈門華僑編纂委員會編，鷺江出版社出版，1991年11月）等，琳琅滿目，美不勝收！

（4）在私人著作方面

有朱慧玲的《當代日本華僑教育》（山西教育出版社，1996年12月）、趙和曼的《越南的經濟發展》（中國華僑出版社，1995年6月）、周南京的《風雨同舟——東南亞與華人問題》（中國華僑出版社，1995年12月）、陳碧笙主編的《南洋華僑史》（江西人民出版社，1998年7月）、方雄普的《華僑航空史話》（中國華僑出版社，1991年5月）、方

不到長城非好漢

攝於「盧溝曉月」碑亭前

在盧溝橋上與數不清的石獅子合照

雄普、許振禮編著的《海外僑團尋蹤》（中國華僑出版社，1995年10月）、林其錟的《五緣文化論》（上海書店出版社，1994年）等。

走訪名勝古蹟

俗話說：「讀萬卷書，行千里路」，名勝古蹟的參觀，可以增廣見聞，加添旅途情趣，故亦不可少。

有百年老店歷史的北京前門「全聚德」烤鴨店有兩句標語是：「不到長城非好漢，不吃烤鴨真遺憾！」長城（八達嶺）這次乃舊地重遊，不過現在可以坐纜車（索道）上去，既節省時間又不費體力，但循階步步登高，望盡天涯路，真有年事已長，顯非「好漢」的落寞之感！

聞名已久的盧溝橋，終於得睹「盧山真面目」，也在乾隆御筆親題的「盧溝曉月」碑亭下拍照留念。當日由於天氣酷熱，實在沒有閒情逸緻去數一數橋上那不同姿勢的石獅子共有多少隻？何

況北京早有句土話—「盧溝橋的獅子—
數不清」。但未能順道參觀「盧溝橋史
料陳列館」，總是遺憾！

　　在南京，我們下榻玄武湖畔的玄
武飯店，上到頂樓的望湖璇宮，真有
「玄武湖上玄武樓，金陵豪氣眼底收」
的雄壯之感！尤其飯店每日提供的鮮
花水果，總經理王麗萍一封親切的信，
在在予人「賓至如歸」的溫馨！這次
終於從容的走完中山陵的三百九十二個
台階，飽覽了一代偉人長眠之所的建築
和園林之美！可惜播放國父奉安典禮錄
影（像）帶的地方，不啻違章建築，設
備甚差，視覺效果亦不佳。當晚與有關
領導見面，即多事的建議改進，並請求
拷貝一份送贈台北國父紀念館，以為交
流。

向中山陵的孫中山塑像獻花致敬

　　在朱寶琴、艾芬芝兩位女史的安排
和陪伴下，特別在江東門參觀了「侵華
日軍南京大屠殺遇難同胞紀念館」。江
東門是南京大屠殺事件具有代表性的歷
史遺址之一。紀念館占地面積二萬五千
平方米，建築面積共為二千一百平方

攝於南京中山陵

攝於鼓浪嶼「鄭成功紀念館」前

泉州清源山老君岩老君石雕前留影

米。走上進口台階，就見到用中、英、日三種文字鐫刻的「遇難者三十萬」幾個黑體大字，予人以觸目驚心，難於遺忘的印象。惟展覽廳的展出內容和佈置型式，稍嫌平面靜態，予觀眾感受不深，仍有值得改進之處。

廈門鼓浪嶼的「鄭成功紀念館」，建築古色古香，係1962年為紀念鄭成功收復台灣三百周年而籌設的。館址所在的日光岩是當年鄭成功屯兵紮寨的地方。館內透過文物、文獻、圖表、繪畫、雕塑、照片、模型等陳列品，有系統地介紹鄭成功的一生。

泉州是海上絲綢之路的起點，當年與威尼斯、亞歷山大港（埃及尼羅河口）齊名。開元寺建於宋代，已有七、八百年的歷史，有鎮國、仁壽兩石塔，塔高七、八層，係石頭交筍而成，故不怕地震。內有船舶陳列館，係泉州博物館分館，陳列有1974年自后諸港挖出的宋代帆船一艘，甚為龐大壯觀。附近清源山的老君岩，亦建於宋代，明廢，僅存「青牛西去，紫氣東來」的老君像

一座，造型雕刻均甚精美，為大陸現存最古老、最大的道教石雕，不愧為「老子天下第一」。

城市添新姿

大陸自改革開放以後，頗注重各項建設，幾年不見，進步與變化極大，予人耳目一新之感！

除了機場、公路、高樓大廈、觀光飯店、百貨公司等硬體的建設外，軟體顯然也要跟進講求，所以城市裡大街小巷處處可見「經濟建設，公路先行」、「建文明城市，做文明市民」、「向不文明行為告別」等醒目標語。硬軟一齊來，相輔相成，這是一個國家或城市走向現代化、文明化的不二法門。

三個禮拜走馬觀花的結果，印象較為深刻的有：

1. 北京朝陽區的開發和西車站的建築。
2. 南京祿口新機場的建築及市區砍去法國梧桐樹，拓寬馬路的壯舉（除了必須安置拆遷戶外，取得砍樹的共識更為不易）。
3. 上海浦東新區的建設，包括陸家嘴近百幢三、四十層超高層大樓的建築，以及南浦大橋、楊浦大橋和東方明珠塔的興建等。
4. 廈門高崎新機場（船型模樣）的興建及附近新市區的規劃。
5. 汕頭新市區房屋建築與寬廣馬路的整齊規劃。
6. 泉州寶珊花園別墅與清濛科技工業區的建設。清濛工業區的設置，除了標榜「五大優勢」、「十一項優惠」，開創「一個窗口」的服務先例外，所揭示的三句標語：「大事小事認真

辦，一切事情依法辦，能辦的事情馬上辦」，令人印象深刻。這應該是兩岸政府機關，獎勵投資、開發建設、發展工業，不分彼此，便民服務所應該共同服膺的指導原則和辦事精神。

感想與建議

訪問團此行，從北到南，受到邀訪單位，特別是中國海外交流協會及各省各地分會，熱烈的招待，盡心的安排，行程順利圓滿，在此必須鄭重感謝！還有許多接待單位，包括政府官員、教育學術界人士以及民間團體，都撥冗費心接待，讓大家滿載而歸，在這裡無法一一列名，謹藉此短文，獻上最真摯的謝忱！

8月2日（星期六）下午，參觀廈門華僑博物院（係陳嘉庚所創辦），名譽院長陳毅明率領全體職工特別加班接待；到汕頭訪問時，廣東省僑辦盧嘉、吳行賜兩位先生特地遠從廣州來與大家見面，幫忙接待，此種熱情與溫情，令人永遠難以忘懷！

訪問團從組織到成行，雖然略嫌匆促，但大致的表現還算不錯，至少是破題兒第一遭，受到大陸方面相當的重視和禮遇。今後類似的訪問交流，可以加強。不過，在出訪之前，最好有比較週全的準備，對當地的情況有較深入的瞭解，這樣才能截長補短，發揮交流的實質功效！

大陸的進步，有目共睹。惟電訊與郵政的未完全自動化與不便，仍令人甚感困擾。街上自動電話亭並未普及，一切用人工操控計費；即使一般五星級大飯店，打國際長途電話也相當不便，不是要排隊等

候，便得忍受飯店漫無標準的收費。北京發行的電話磁卡，到了南京便不能使用，更是滑天下之大稽！到郵局寄書，更令人視為畏途！從牛皮紙到繩子都必須自備或另購，效率慢而費時（包括一本本檢查），在緊湊的行程中往往增加壓力和負擔！國際化與自動化，應該是大陸跨世紀努力奮鬥的目標。

（原載《僑協雜誌》，58 期，頁 39~43，民國 86 年 10 月）

輯
二

知性之旅

走過歷史，讓歷史復活
——訪保定軍校舊址抒感

楔子

　　已故近代史名家蔣廷黻先生曾說：「要研究近代史，尤其中華民國史，必須先研究保定軍校史。」誠然，一部「保定軍校史」，幾乎可以說等於半部中國近現代史。

　　三月初旬，北國仍是個春寒料峭的季節。為了進行留法勤工儉學的尋根之旅，筆者風塵僕僕於天津、北京和石家莊之間，除了參加學術研討會外，訪問人物、蒐集史料，並馬不停蹄的尋覓當年留法預備學校的幾處遺址。在河北省博物館研究員鄭名楨先生的陪同下，由石家莊搭火車來到了保定，於陸續訪尋到保定育德中學及附設留法預備班與高陽縣布里村留法工藝學校兩處原址後，也懷著仰慕的心情參觀了那聞名已久，位於保定市東北郊的保定軍校舊址，一償近代史研究工作者畢生機緣難再的夙願。

浪花淘盡皆英雄

提起保定軍校，無疑它是近代軍事教育的發源地（先於黃埔），在中國近代史上佔有極重要的地位。保定的軍事教育始於1902年，保定陸軍軍官學校則正式開辦於民國元年（1912），其前身經歷了北洋行營將弁學堂（1902）、北洋陸軍保定速成武備學堂（1903）、保定速成學堂（1906）、保定軍官學堂（1909）、保定預備大學堂（1911）等幾個長短不一的時期。在前後二十餘年間，共培養出近萬名初級軍官、千餘名將官，單就民國期間開辦的十二年而言，便培養了九期各類軍事人才達六千五百七十餘人之多。撇開清季的部分不談，僅就保定軍校畢業生而言，數英雄人物若按期別分，重要者有李宗黃、萬耀煌、唐生智、李品仙（以上一期）；熊式輝、劉峙、秦德純、劉文輝、陳繼承、廖磊、陶峙岳（以上二期）；白崇禧、黃紹竑、張治中、夏威、何鍵、徐庭瑤（以上三期）；傅作義、嚴重（以上五期）；顧祝同、余漢謀、李漢魂、薛岳、鄧演達、黃鎮球、黃琪翔、上官雲相、葉挺（以上六期）；劉堯宸、李賡護（以上七期）；陳誠、周至柔、羅卓英（以上八期）；郭寄嶠、茅延楨、張克俠（以上九期）等，可謂赫赫名將，濟濟多士，他們對於黃埔軍校建軍暨東征、北伐、抗戰諸役，乃至國共對峙下的內戰，都立下了汗馬功勞或發生重要影響。無奈「是非成敗轉頭空，浪花淘盡皆英雄」，而今安在？

談保定軍校，更不能不提它的第二任校長蔣方震（百里）（1882～1938）。蔣百里東渡日本留學，以第一名優異成績畢業於日本士官學校第三期，與蔡鍔（松坡）、張孝準並稱「士官中國三傑」。他文韜

武略兼修，雖得學以致用出任保定軍校校長，徒有培植軍事人才的壯志，卻苦無推動改革現實的力量，終於當著一千五百多名學生面前演出拔槍自戕的悲壯一幕，也贏得後來照顧他的日籍護士佐藤屋子（後改華名為左梅）的芳心，共譜一曲異國姻緣，為保定校史留下一段佳話。

忍教青史盡成灰

保定軍校由校本部、分校、大操場和靶場四部份組成，東西長兩公里，南北寬一公里，佔地三千餘畝。建築格局仿日本士官學校形式建成，校本部建築工整對稱，均為青磚灰瓦，小式硬山建築。其校舍於1903年初動工興建，1904年11月竣工，共計大小房屋

保定軍校紀念館將軍銅像牆

保定軍校紀念館大門

五七三間。軍校設步兵、騎兵、砲兵、工兵、輜重兵五科，課程分學科、術科、外文三大類，其教學方法基本上參照日本和德國軍校的學制規程。

論保定軍校的命運，前期大致與北洋軍系的盛衰相終始，而後期則與整個中國動盪政局環環相扣，密不可分。隨著軍閥此仆彼起的混戰，政府財力拮据，又因學員來源青黃不接，軍校遂於1923年被迫停辦。其後，直、皖、奉、晉等軍閥皆曾先後佔據該校，有的在此開辦短期訓練班。及至抗戰爆發，日軍入佔，軍校一度成為日本保定幹部後補生隊培訓基地，培養軍事幹部。1948年，軍校校舍因年久失修，再加附近居民有意毀損，僅剩殘垣破瓦，景象甚為不堪。解放後，軍校遺址成為河北省農場，嗣改為保定畜牧場、保定市農墾總公司。遲至1993年，始公布為河北省文物保護單位，正式成立保定軍校紀念館加以有計畫的保存維護，讓往昔一段光輝的歷史復活起來。

1995年年底，坐落在軍校遺址（現保定市衛生路六十五號）的紀念館第一期工程竣工，計耗資人民幣二三五萬元，其中包括徵用土地六‧五畝，大門、耳房、展覽室、車庫、小庫房、臨時辦公用房及配套設施等。不久，隨即將蒐集到的數百件軍校文物及有關史料布置，並對外開放展出，截至目前為止，已接待過二十餘萬人次海內外參觀者。

目前第二、三期工程尚待展開，計畫再投入人民幣一二五〇萬元，包括徵用土地十畝，以及尚武堂（校本部）、東西廂房、大院圍牆、四個展覽室和辦公用房等主體工程。身負籌建重任的馬永祥副主任，雖然對籌建前景信心十足，自身亦充滿幹勁，但眉宇之間仍難掩

「巧婦難為無米炊」的焦慮！

復活歷史的呼喚

　　保定軍校紀念館僅是個省保單位，也即相當於台灣的二級古蹟，要想完全恢復原貌舊觀，囿於經費的不足，幾乎不太可能。因此土地的徵用一再縮水，施工進度無法掌控，這是可以想像得到的事情。為此，甚盼愛護保定軍校、珍惜過去這一段歷史的仁人志士，以及畢業、肄業校友的家屬親朋，慷慨解囊，集腋成裘。據聞，旅居香港的黃建華先生曾透過友人表示，有意斥巨資恢復保定軍校，這將是一項很有意義的善舉。另外，當年曾參加保定幹部後補生隊的日本友人，已合捐十八萬元人民幣，紀念館的中、英、日三種文字簡介，便是由這筆款項支付的，校內角落立有一塊「捐資碑」，以為紀念！

　　除了捐款可促成硬體建設的早日竣工外，軟體部分所陳列的文物資料亦不可偏廢，亟待充實，同樣企盼海內外好

2006年8月23日重訪保定軍校紀念館合影，右一為保定軍校紀念館館長馬永祥；右三為保定軍校五期步科生喬明禮將軍之子，現任保定軍校基金會會長喬勝利；左一為王康璞（副會長），左二為孫若怡教授。

2004年12月5日馬永祥訪台時與筆者合影

友合力廣為蒐集，共襄盛舉！據馬永祥先生相告，有關同學錄，除北洋行營將弁學堂外，其餘各時期的學員名單都已蒐羅完備。

　　為了回應馬永祥先生的殷殷叮囑，筆者在返台後，已特別拜託情邀傳記文學劉紹唐社長，將該社前所出版的《蔣百里全集》六輯一套及薛光前著《蔣百里的晚年與軍事思想》一書寄去參展。筆者義不容辭，也已將近史所出版的幾位保定軍校校友的口述訪問紀錄（如白崇禧、萬耀煌、徐啟明、戎翼翹、於達），裝箱付郵。旨在拋磚引玉，希望繼廣州黃埔軍校之後，在短短數年內，北方的保定軍校史也能復活起來。「北保定、南黃埔」，南北兩軍校，歷史前後輝映，這應該是海內外華人所樂見的一椿盛事。

（原載《傳記文學》，72 卷 6 期，頁 82~84，民國 87 年 7 月）

天下第一橋

——趙州橋

趙州石橋魯班修，

玉石欄杆聖人留，

張果老騎驢橋上走，

柴王爺推車軋了一道溝。

　　　　——京劇《小放牛》唱詞

　　趙州橋（即安濟橋）橫跨在河北省趙縣境內的洨河之上，是世界上著名的古代石拱橋，也是自造橋後一直使用到現在的最古老的石橋。它是由匠師李春、石工李通、李膺等眾工匠於隋代開皇年間（公元591～596年）通力合作所完成的石拱橋傑作，至今已有一千四百多年的歷史，因而有「天下第一橋」、「天下石橋數趙州」的美稱。

名稱由來

　　趙州橋有它的初名、俗名和改名的歷史。

趙州橋建成後，始名（初名）為趙郡洨河石橋。唐中書令張嘉貞於開元十三年（公元725年）所撰的〈趙州大石橋銘〉曰：「趙郡洨河石橋，隋匠李春之跡也。」這是有關建橋的最早碑記，當可確信無疑。它以當時的地名、水名命名，這是趙州橋名稱的由來。

趙州大石橋，為當地人的俗稱，主要在與永通橋區別。因為隋末越王楊侗皇泰初年（公元618年）在趙州城西門外清水河上建成了永通橋（有說建於後漢乾祐元年，公元949年），它晚於趙郡洨河石橋十九年，無論建築結構或藝術風格，與其十分相似，只是形體較小，且兩者相距僅二‧五公里。為區別南北二橋，冠以大小，故前者稱趙州大石橋，後者則俗呼趙州小石橋。當地還流傳著這樣一句佳話：「大石橋看功勞，小石橋看花草。」意思是說，大石橋看的是對世界橋樑史的貢獻，小石橋看的是精美的裝飾。

安濟橋則是以後的改名。北宋哲宗皇帝趙煦北巡時，途經趙州橋，於元祐

在敞肩拱前留影

年間（公元1086～1093年）賜名為安濟橋，並以此為正名。據北宋周輝《北轅錄》載：

> 未至城（趙州）五里渡洨河石橋，石橋從空架起，工極堅致，南北長十三丈，闊四分之一，實隋人李春所造。元祐間，賜名安濟，乃取其「利貫金石，強濟天下，通濟利涉，安全渡過，萬民以福」之意。

結構特性

趙州橋不僅歷史悠久，而且在建築結構上有以下四大特點：

敞肩拱

趙州橋是一座單拱割圓式敞肩石拱橋，主拱由二十八道拱捲縱向並列砌成。橋身全長六四‧四〇公尺，淨跨三七‧〇二公尺，弧矢七‧二三公尺。拱圈寬度：拱頂為九公尺，拱腳為九‧六公尺；主拱兩端靠橋塊的兩個小拱（又稱伏拱）淨跨三‧八一公尺，近橋中央兩個小拱淨跨二‧八五公尺。

一般石橋的拱肩（在橋石和欄圈之間，拱頂兩端都有一個三角地帶，即拱肩，或稱拱腹，填滿石料），都是實心的，叫實拱肩。而趙州橋一改笨重的實腹拱，在兩個拱肩部份各建兩個對稱的小拱，伏在主拱的肩上，這樣就把拱肩敞開了。這種敞拱肩共有幾項優點：

1. 符合結構力學原理。由於拱軸線與恆載壓力比較接近，提高了橋本身的拱圈承載能力和穩定性。
2. 拱肩敞開，增加排水面積百分之十六‧五，可以順利宣泄夏秋

季節突發的洪水，減輕水流平推力對石橋的威脅。

3. 拱肩敞開，還可以節省石料，一方面有利於下部結構的簡化，從而大大減少對橋面和地基的垂直壓力以及水流平推力，一方面增加石橋的安全係數達百分之十一‧四，從而延長了趙州橋的壽命。

跨度大，弧型平

古代中國黃河以北廣大地區以陸路交通為主，物資運輸多賴大板車和騾馬大車，造坡度平坦的橋比較適宜。李春等匠師為滿足陸路交通需要，大膽選用了圓弧拱，拱矢大大小於半徑，只有七‧二三公尺（如為半圓拱，半徑則是二七‧七公尺），與拱的跨度三七‧〇二公尺相比，約為一比五，這樣的拱曰坦拱，以此降低坡度。此外，還採用低的拱腳位置，以適應平原地區降低橋樑的縱向坡度要求。現在的橋坡為百分之六‧五，即前進一百公尺，上升六‧五公尺，便於車輛通行。

兩端寬中間狹

梁思成在〈趙縣大石橋即安濟橋〉一文中說：「安濟橋在解決石捲外傾預防開裂，除設伏拱外，最值得注意的乃是故意使橋身兩端闊而中間較窄這一特點。」目的在使各道單捲有向內收攏相聚的傾向，這完全符合力學的原理，也是造橋者聰明才智的表現。

縱向並列砌築法

　　趙州橋的主拱和四個伏拱，都是採用縱向並列式的砌築法，與橫向的聯式拱不同。其好處有：

　　1. 施工方便，各道拱圈可以先後施工，不受經費或洪水的影響。

　　2. 修復方便，各道拱圈自成一體，日後倘有一道損壞，不影響全橋，修復方便。

　　3. 節省木料，建橋時因各道拱圈先後施工，一道砌好，再砌相鄰的一道，這樣可以用較窄的木架輪換拆挪，節約大量木材。

古橋仙跡與神話傳說

　　趙州橋上的仙跡，主要指傳說中張果老倒騎毛驢橋上走留下的驢蹄子印；柴王爺推車、趙匡胤拉車過橋軋下的車道溝印和膝蓋跪下的膝蓋印；魯班為救石橋躍身跳下河中，用手力頂石橋的石掌印，均稱之為「古橋仙跡」。這些仙跡常常成為遊客津津樂道的題材。為什麼會有這些仙跡呢？這不能不說一則與造橋有關，最膾炙人口而且有趣的神話傳說。

　　據文獻記載，宋代產生了第一部以趙州橋神話傳說為題材的京劇《小放

在橋前留影

牛》，其中唱道：

> 趙州石橋什麼人修？
> 玉石欄杆什麼人留？
> 什麼人騎驢橋上走？
> 什麼人推車軋了一道溝？
> ‧‧‧‧‧‧
> 趙州石橋魯班修，
> 玉石欄杆聖人留，
> 張果老騎驢橋上走，
> 柴王爺推車軋了一道溝。

　　相傳橋為春秋戰國時期魯班所造，魯班根據日月星辰「三才一致」的願望，按照二十八星宿道理，為便利百姓交通運輸，決定在洨河上建造一座堅固、美觀的石拱橋。魯班的雄心壯志感動了天帝，派來了「天工」、「神役」支援。在一個傍晚，有個神童從洨河西邊趕來一群羊。到了魯班的工地後，神童突然不見了。而那群羊則一下子變成了修橋用的石料，拱圈石、橋面石、欄板石、望柱石、勾石、帽石等，樣樣俱全。在那些「天工」、「神役」的幫助下，魯班用了不到一夜的時間，順利地完成了這座構造奇特的石拱橋。四里八鄉的鄉親聽説後，抱著既好奇又驚喜的心情，絡繹不絕的前來參觀，而且嘖嘖稱讚。因此，驚動了八仙之一的張果老和柴王（柴榮）以及宋太祖趙匡胤。有一天，張果老騎驢、柴王推車、趙匡胤拉車，三人一齊來到大石橋頭，大喝一聲：「魯班小子，竟敢冒充神匠，冒犯天帝，真

是狗膽包天，快快出來，咱們較量一番！」喊聲震動了四面八方眾鄉親，他們一齊跟著魯班走過來瞧個究竟。

　　魯班面帶微笑，鎮定的向張果老、柴王爺、趙匡胤躬身施禮，並問道：「大仙大聖喚我來，不知有何見教？」

　　「今天要比試比試，看誰是真神仙！」

　　「請問怎麼個比試法？」

　　張果老搶先說：「我倒騎毛驢過一過橋。」柴王爺接著道：「我推車，趙匡胤拉車也要從趙州橋上走一走！」

　　魯班心想，這座橋建成後，千軍萬馬都能安全通過，他們三人同時過橋一定不會有問題，於是爽快的答應對方的要求。

　　張果老等一行在眾鄉親注目下魚貫上橋，走到橋頂，但見張果老使用仙法，手托日月星辰，柴王運來泰山、華山、嵩山、恆山四座名山，把石橋壓得搖搖欲墜。正在這千鈞一髮之際，魯班躍身跳入河中，站在橋下東側，用巨手力托橋拱，居然把橋保住了。

與河北師大教授合影，左一：苑書義，
右一：徐永志

因此，橋上留下了幾處仙跡：驢蹄印、車道溝、手掌印和張果老的斗笠印、柴王的膝蓋印。從此，仙跡與大石橋相得益彰，千古齊名。元人劉百熙有詩為證：

> 誰知千古媧皇石，解補人間地不平。
> 半夜移來山鬼泣，一虹橫絕海神驚。
> 水從碧玉環中過，人在蒼龍背上行。
> 日暮憑欄望河朔，不須擊楫壯心聲。

（原載《歷史月刊》128 期，頁 12~15，民國 87 年 9 月）

平津「取經」行紀聞

楔子

　　去歲十月下旬，筆者又有一趟大陸行。屈指一算，自兩岸「開放」、「通航」之後，近五年來這已是我的第十次大陸之旅了。平均每年大約兩次，雖不算密集頻繁，但已稱得上彼岸常客了。

　　研究中國近、現代史的工作者，不能不定期親至大陸看看，實地考察一番，否則不但會有「百聞不如一見」的遺憾，就研究工作而言，而且可能走上重覆勞動，造成時間的浪費而不自知。去大陸的目的，通常不外出席學術會議、參觀訪問暨觀光旅遊三種性質。是誰說過：「天下第一件好事，還是讀書。」因此，我這次以搜集研究資料，訪求新書為名，以北京、天津做為活動直徑範圍，把自己定位在（訪友）取經、尋寶（挖書）和觀光三方面，既無開會的壓力，也少演講的負荷，閒來則探幽攬勝，與三五好友

167

把酒論史，真正「諸法皆空，自由自在」，好不逍遙。囿於本通訊的性質，此文只報導訪友尋書的一些見聞和心得。

三訪南開收穫多

周恩來曾說過：「我是愛南開的」。研究周恩來的我與南開特別有緣，算來這已經是三度參訪，前兩回都由歷史系的王永祥教授接待，這次也不例外。所不同的是，十月的南開校園，仍是花團錦簇，到處張燈結彩，懸掛著歡迎校友返校的紅布條，一片喜氣洋洋，因為她剛度過了建校八十年校慶。據聞，南開為了辦理八十週年校慶，花費了一千多萬元人民幣，這與去年北大校慶一億多元的大手筆相比，雖屬小巫見大巫，但已足夠讓南開負債累累了。南開的下一步是，在高教政策由過去的單科大學（文理分家）逐漸走向綜合大學的大前提下，以及為了追求「重（點學校）中之重」以列名「十大」的目

在南開與王永祥教授合影

標下，如何與以理工著名的天津大學合併的課題。兩校各有其悠久的歷史，合則有利亦有弊，各人想法不同，彼此立場有異，最困擾難決的恐怕還是校名的問題。究竟是棄「南開」保「天津」？抑選擇「南開」棄「天津」？有待各方討論再做決定。比較令人擔心的是，前年杭州大學與浙江大學合併，杭州大學從此在歷史上消失，南開會不會步上後塵，變成下一個杭大呢？

為了紀念南開建校八十週年，該校出版了一系列叢書，其中由新聞中心所編的《回眸南開》一書，特別具有史料價值。誠如該書後記所云：「南開是一卷歷史，八十年風雨兼程，步履匆匆，足跡深深；南開是一方沃土，八十載春華秋實，桃繁李茂，柏翠松青；南開是一個赤子，允公允能，日新月異，愛國、敬業、創新、樂群；南開是一曲壯歌，她匯聚了幾代青年立志成材的理想與豪情，呼喚著一個古老民族魂牽夢縈的偉大復興。」是書分為五個板塊，依序是往事悠悠、名師風采、學苑滄桑、名人之風、南開情懷，追憶著南開特有的學術精神和文化風格，記載了南開重大的歷史事件和重大歷史事件中的南開，錄下了歷屆校友在南開生活中的難忘經歷和點點滴滴。

以校為家，悠遊在校園的教授們不但別來無恙，而且紛紛推出筆耕不輟的新作，令人敬佩。身體硬朗、老當益壯的魏宏運先生完成了國家和個人學術生涯的重大規劃，他主編的《民國史紀事本末》，共分七大冊，精裝本，都四千餘頁，甫由遼寧出版社出版。本書採傳統的紀事本末體，將政治、外交、軍事、經濟、社會、文化、科技等條目四百餘條，依時間順序排列，詳加敘述、評析並加注釋，允為治民國史者不可不參考之工具書。治明清史有成的馮爾康先生，除《雍正

傳》等學術專著外，也擅長寫歷史小品文，最近修訂再版的《古人生活剪影》與新付梓的《清人生活漫步》（均由中國社會出版社出版）兩書，反映了作者的廣博知識和社會關懷深度，讀來輕鬆有趣，既能增長知識，又可愉快地度過閒暇時光。以研究「近代中國的留學生」聞名的李喜所先生，結合了幾位年輕後起之秀，在美國黃興基金會的贊助下，新出版了《黃興的軍事理論與實踐》（北京人民出版社）一書，認為黃興是位新式軍事家，他不但有自成體系的軍事理論，而且腳踏實地的予以實踐。

老友王永祥先生在1998年3月所主辦的「第二屆周恩來研究國際學術討論會」，除論文集以《中外學者再論周恩來》為名由中央文獻出版社出版外，自己也有一本新著《中國現代憲政運動史》（北京人民出版社）問世，分別對孫中山的憲政思想、南京國民政府時期的憲政、新民主主義憲政進行比較研究。他的結論是，孫中山的政黨觀、政

在南開與教授們餐敘，左起：米鎮波、馮爾康、魏宏運、陳三井、俞辛焞、王永祥、黃慶華。

權觀、黨政關係乃至黨軍關係各方面，在一定程度上均仿效了蘇聯模式，但他的仿效是有選擇的，在仿效的同時，仍保留和堅持了他認為有益的、本土的東西。換言之，他的主張，既非完全的「俄化」，亦非單純的本土化，而是兩者的結合。王先生目前正帶領著一批研究生進行《雅爾達協定與中蘇、日蘇關係》課題研究，大量利用蘇聯的俄文檔案、日本外務省、防衛廳檔案以及台灣的總統府機要檔案（俗稱大溪檔案），全稿已完成三分之二，相信出版後不但對學術具有重大貢獻，且能改寫歷史，造成突破與轟動！

走出靜謐的南開校園，天津市的市容變化並不大。天津是三大院轄市之一，但與北京、上海近幾年各方面的突飛猛進，簡直無法相比。撇開硬體的重大建設不談，工資是最顯而易見的指標，從計程車司機的營收到同是大學教授的待遇，難免都有矮人一大截的無奈感，以致抱怨連連。位於天津的美食街，除了早已聞名中外的多家真假招牌的「苟（狗）不理」包子店外，新近復開設一家「貓不聞」餃子店，兩者互別苗頭，都是熟客老饕常常光顧的地方。貓狗爭奇鬥妍，傳為天津「美談」，也為天津的「五化」順口溜添姿增色，令人叫絕！所謂「五化」是：「城市鄉村化，馬路市場化，生活貧困化，飲食貓狗化，領導沒文化」，這是城市知識人口耳相傳的心聲，也相當程度反映了天津人生活的寫照！

北京書店新猷

北京是個文化古都，不但名勝古蹟多，就是訪書買書也以北京最

稱齊全方便。過去有人喜歡跑琉璃廠，買古董兼逛書店。現在情況改變了，我喜歡到北京大學周邊及位於海淀圖書城的幾家書店做一番巡禮。這些書店往往有一個非常典雅富有詩意的店名，如「風入松」、「國林風」、「二酉堂」等，讓買書人印象深刻，打從心底產生好感，聽說有些書店還是北大師生合夥斥資經營的。讀書人搞創收，下海開書店，除了「文化擔當，傳播真知」外，標榜的是「服務讀書人」，這就是「國林風」圖書中心的宗旨。「國林風」除了迴旋空間廣大，充滿書香氣息，人文及社會科學類圖書齊全外，並為讀者提供郵購、熱線諮詢、上門發送、圖書預定、缺書代購等多項服務。對海外購書者而言，現場所提供的代包、代寄等親切服務，才真是無量功德一樁！

除北大附近富有書香氣息的新舊書店外，北京長安西街最近新開設了一家「北京圖書大廈」，樓高四層，雄偉壯觀，佔地之廣，規模之大，陳列書籍種類之多，堪稱全中國第一而無愧。我所見的台灣幾家連鎖大書店，從誠品、新學友、金石堂到何嘉仁，幾乎沒有一家可以比得上。開書店，若沒有讀者上門，門可羅雀，那是頗煞風景的事。而圖書大廈的開幕，象徵圖書托辣斯經營時代的來臨，它像百貨公司一樣刺激了消費，帶來了新的人潮，並意味著北京人還是有濃濃的文化氣息的。相形之下，我所下榻的王府井大街的幾家老字號的書店，如中華、商務、新華等，似顯得生意清淡多了。不過，我跑遍天津、北京各大小書店屢尋不獲的《牛棚雜憶》（季羨林著），倒是在新華書店買到了，也算不虛此行！

中央黨史研究室尋「寶」

中央黨史研究室與中央文獻研究室同是研究中共黨史的兩大重鎮，以前座落在頤和園路，與中央黨校比鄰而居，目前已獨立門戶，另遷入北大附近的雙橋東甲一棟十餘層的新大廈內。他們的出版品和發行的刊物，外間是不容易看到和買到的。這次重訪的時間雖短，但跟上次一樣收穫是豐盛的。

在中共黨史研究室與黃修榮主任（右）、任貴祥合影

第一研究部主任黃修榮所主持的俄文翻譯班子，繼《聯共（布）共產國際與中國國民革命運動》（1920～1925）第一卷之後，又出版了第二卷（1926～1927），包括檔案文件和資料選輯共出刊四冊，紅皮燙金，稱得上皇皇大著，再蒙主譯者慷慨相贈。據黃修榮先生相告，第三卷初稿已殺青，很快便可付印。翻譯、整理和編輯史料，是一件費力大而辛苦的工作，沒有他們的辛勤付出，何來研究工作的開展和提升。相信這一套叢書出版後，對於研究早期中俄外交以及俄共與共產國際和國民革命運

動關係，必有突破性的進展。

　　老友任貴祥先生多才多能，除了以前出版的《華僑第二次愛國高潮》、《華夏向心力──華僑對祖國抗戰的支援》兩本專書外，最近並與朋友合編出版了《細說周恩來》（河南人民出版社，1999年1月）、《周恩來‧鄧小平在法蘭西》（吉林人民出版社，1999年1月）兩書，我一見如獲至寶，通通變成行囊中意外的擄獲品。任先生得知我正在研究「抗戰時期的知識菁英」，除了立即把書架上魏繼昆所著的《國統區抗日知識分子研究》（天津人民出版社，1998年5月）一書轉贈外，並特別介紹我認識在同一部門工作的李蓉女士。李蓉博士，四川成都人，從師於東北師大的鄭德榮教授，當場把她與葉成林合著的《抗戰時期的大後方民主運動》（華文出版社，1997年6月）一書相贈。她的新著尚有《走向輝煌──毛澤東統戰理論的形成和發展》（華文出版社，2000年1月），同時，編輯部主任趙自立也從書架上取出一本《群眾周刊史》（鄭新如、陳思明著，中共黨史出版社，1998年3月）相贈。人人為我，深入寶山，真是滿載而歸！

　　任貴祥先生的主要工作在刊物的編輯。中共黨史研究室出版有《中共黨史研究》雙月刊，每年六期，至1999年12月共已出版七十二期。此外，並與中央檔案館合編出版《中共黨史資料》，每年四期，至1999年底已出版七十二輯，亦對外公開發行，可惜本所圖書館並未訂閱，未能盡窺全貌。我手中拿到的一期是第六十三輯（1997年9月出版），其中仍刊載不少珍貴資料，例如〈旅歐、旅英中國社會主義青年團工作報告〉、鄭超麟的〈留法瑣憶〉、毛齊華的〈追憶在莫斯科中山大學期間的幾個問題〉等，均值得注意。

王府井大街新貌

　　中共為了慶祝建政五十週年，據
聞包括市容整建等投資在內，至少耗費
了一千多億人民幣，其中受惠最大的當
然是北京城，難怪原先看來並不起眼的
王府井大街，一下子脫胎換骨，面目一
新，跟著時髦現代化起來。從北京飯店
迤北，大半條的王府井大街現在闢成了
行人徒步專用道，除公車外任何車輛不
准進入。明顯易見的是馬路拓寬了，人
行道與過去有顯著的不同，平坦寬廣，
無障礙空間的設施，黃色的街燈，使用
IC卡的電話亭，人性化的座椅，廣場加
噴泉，還有那民俗人物的雕刻，把整條
街點綴得多采多姿，像少女般的清純俏
麗；再加上兩旁的辦公大樓、百貨公司
和商店也精心地粉刷成悅目的顏色，更
襯托得像常見的外國城市的某一個角落
一樣。至少在這裡，我們看不到新舊雜
陳與髒亂落後。

　　於是一到下班或每逢假日，逛街散
步的人潮便傾巢而出，把偌大的王府井

王府井大街的行人潮

王府井大街一隅

筆者常下榻的富豪賓館

大街擠得像迎神賽會般熱鬧。在人群當中，亦不乏碧眼紅髮的外國觀光客，可見他們早已聞風而至，把王府井列入值得一逛的新景點。

　　跨入新的千禧年，現代化是一個國際都市必備的條件，也是早晚必經的道路。北京市走上現代化，已在王府井大街看到端倪，一切就從這裡做個良好開始的起點吧！

（原載《近代中國史研究通訊》，29 期，頁 86~91，民國 89 年 3 月）

酆都鬼城楹聯的警世作用

酆都鬼城是長江三峽沿岸的一處歷史名城及著名旅遊景點,其獨特的建築尤其是楹聯上的字句,雖然神秘肅穆令人畏懼,卻也生動地傳達出勸人積德行善的作用。然而隨著三峽大壩工程的進行,鬼城將逐漸沉於江中。現在就讓我們隨著作者現場懷古,一同走訪「西連岷嶺,東接巫山」的酆都,品味豐富的文化內容及楹聯深刻的警世作用。

到過長江三峽的人,幾乎沒有不曾遊歷酆都鬼城的。隨著長江大壩二期工程即將於2003年完工,鬼城屆時注定要載浮載沉於江面,有異原來風貌,遊興恐將大減矣!

酆都鬼城名揚中外,它坐落在長江北岸,介於重慶和長江三峽之間,「西連岷嶺千秋雪,東接巫山十二峰」。鬼城其實由仙境和鬼城兩者渾然一體結合而成。其精妙固在它的奇峰獨秀,古木參天,以及廟觀眾多,殿宇連環,建築秀麗獨特,氣氛莊嚴神秘,但更令人玩味的還是城內各處詩聯所呈

鬼城牌坊

現的豐富文化內容和深刻警世作用。

牌坊

鬼城建於名山（原名平都山）上，一下遊覽車，赫然便見巨大牌坊一座，橫書「天下名山」四個大字。楹聯是：

下笑世上士，

沉魂此酆都。

相傳這是唐朝李白的題詩，可笑世間芸芸眾生，一生都在爭名奪利，死後亡魂卻不免沉淪於此。

奈何橋

奈何橋位於山腰，大雄殿前，是黃泉路上通往幽冥世界的第一道必經關卡。它是一式三座石拱橋，左邊橋叫金橋，右邊叫銀橋，中間

一座橋叫奈何橋，橋下水池叫血河池。
石橋雖不特別，橋面卻不同尋常，拱起
且光滑如鏡，有如鯉魚溜滑的脊樑，走
起來很費勁。過去，鬼城的執法者還要
在橋面上塗上一層燭油、蛋清，過橋就
更難了。據說，人死後，都要由此橋
過，好人可以順利通過，有惡行的或不
孝順父母的則過不去，要掉到橋下的血
河池中受折磨。相傳若夫妻相挽手，以
九個快步通過，可以長長久久。請看題
聯是：

奈何橋

> 三步跨過奈何橋，知爾是善是惡；
> 一氣走過金銀路，賜汝發福發財。
> 積德修行，奈何橋易過；
> 貪心造孽，尖刀山難逃。

藥王廟

藥王廟為紀念藥王孫思邈（581～
682）而建，題聯頗饒趣味：

鬼門關前眾鬼林立

> 藥醫不死病，
> 佛度有緣人。
> 但願世間人無病；
> 那怕架上藥生蟲。

鬼門關

鬼門關位於名山頂上，乃進入天子殿的外門，是人死後去陰間報到的第二道關卡。銅牆鐵壁，壁壘森嚴，牢不可破，兩旁有十八個小鬼把守。無論任何人的亡魂來到這裡必遭檢查，看是否有路引（通行證）。過門檻一定要男左女右，高抬貴腳，千萬不要碰到門檻，否則「鬼門關」三個字倒過來念，就變成「關門鬼」了。鬼門關有幾副楹聯道盡了鬼城的微言大義：

> 名山並非冥山，
> 搜縱覓橫何嘗找著罰孽刑鬼，
> 陰王那是陰王，
> 張冠李戴原來為了化頑懾奸。

> 漢代傳奇平都山上有神仙；
> 明都趣事鬼門關首檢路引。

> 畛域界分鬼門關，入關容易出關難；
> 許入禁出嚴戍守，人間盡是歡喜禪。

> 心驚觀地府，
> 含笑出鬼門。

黃泉路

黃泉路乃通往陰間必經之路，走完黃泉路後人們即將接受閻王最後的審判以及十八層地獄的嚴峻考驗。因此，所有有罪的人走在上面都會心驚膽跳的。黃泉路上有幅對聯，耐人尋味：

行善積德，黃泉路上心不驚；

造孽作惡，刑律面前不易過。

到了黃泉路上，回首前塵或許才會
醒悟：

寵辱生涯原是夢，

幽冥黃泉亦非真。

勸戒碑

黃泉路上有十三塊古碑，其中唐碑
一塊，明碑三塊，清碑八塊，民國碑一
塊。這是民國十六年，當時的四川省蓬
溪縣縣長劉治國所立，銅梁縣長吳載易
書寫的一塊「勸戒碑」，碑文主要內容
是：

忿激莫興訟，

飢寒不作賊。

淫為萬惡首，好淫者，

妻女還債；

孝乃百行先，孝順者，

子孫必昌。

敬惜字紙，眼目光明；

富貴綿遠，多子多孫。

勸戒碑

望鄉台

　　望鄉台在名山絕頂天子殿右側，遠遠望去，似懸在半空中，台壁上立書著「望鄉台」三個大字。這是人死後最後一次眺望家鄉和親人告別的地方，傳說人死後，一天不吃陽間飯，三天跨進鬼門關，七天到達望鄉台，「望鄉台上望故鄉，望見親人淚汪汪」。有一幅對聯，生動反映出生離死別的情景：

　　　　黃泉路上思兒女，

　　　　陰司地裡想族親。

　　在望鄉台的山門上有一副楹聯是：

　　　　貪心造孽，

　　　　為何不可早離陽世；

　　　　秉公為美，

　　　　理所應當久留人間。

　　這副楹聯的褒貶之意是很分明的。望鄉台山門右側的回生門，其楹聯則是：

　　　　黃泉路上，不見金烏玉兔，

　　　　幽冥府中，豈容惡棍奸雄。

回生門

天子殿

這裡所說的天子，是指幽冥天子，
即陰王，所以又名「閻君殿」，是專
管地獄的最高統治者。天子殿坐落在名
山頂峰，由山門、牌坊和殿堂三部分組
成，是山上最大的廟觀，建於西晉，距
今已有一千六百多年的歷史。明末清初
高僧海明（破山老人）為天子殿的山門
撰了楹聯，頗富人生哲理，其聯為：

天子殿山門

> 不涉階級，須從這裡過，
>
> 行一步是一步；
>
> 無分貴賤，都向個中求，
>
> 悟此生非此生。

殿堂又分正殿（上）、中殿、下殿
三部分。正殿原有陰天子金身鐵質金像
一尊，現在供奉的是仿製的泥塑像。正
殿楹聯特別令人印象深刻，那是：

天子殿山門背面

> 淚酸血鹹，手辣口甜，
>
> 莫道世間無苦海；
>
> 金黃銀白，眼紅心黑，
>
> 須知頭上有青天。

中殿有四大判官與十大陰帥（包括
黑白無常、牛頭、馬面、鳥嘴、黃蜂、豹

天子殿中殿

尾、魚鰓等），所以楹聯的主題也與他們相關，請看：

　　　　賞善官，無私情私賄；

　　　　賞惡司，有公道公平。

　橫匾是：善惡昭彰

　　　　白面無常，迎孝接善；

　　　　青臉雞腳，拿惡鎖頑。

　　　　赫赫明明，何必藏頭露尾；

　　　　生生化化，須防戴角披毛。

　　　　任爾蓋世英雄，到此亦應喪膽；

　　　　憑他騙天手段，入門再難欺心。

地獄

　　下殿左右兩廂是長廊，分為東西地獄，塑有十八層地獄的各種酷刑，包括剉刀刑、磨子推、開腸剖肚、剝皮、下油鍋、鋸子解、刀山火海等。

　　這是題東西地獄的：

　　　　莫胡為，夢幻空花看看眼前虛不虛，

　　　　徒勞機巧；

　　　　休膽大，烊鍋熱鐵抹抹心頭怕不怕，

　　　　仔細思量。

　　這是地獄之門的楹聯：

　　　　不懼地獄，只因心中無鬼；

　　　　為人公正，何須門上有神。

再看東地獄的楹聯：

　　尖刀山、磨子推，貪心造孽抱怨誰；

　　望鄉台、奈何橋，善良積福容易過。

又見西地獄的楹聯：

　　上刀山，下油鍋，惡者陰司受罰懲；

　　六道劫，輪迴轉，善人來生享榮昌。

　　總之，整個鬼城的設計和布置，完全在營造一種勸人行善積德，不要造孽作惡的道德訴求，強調的是善惡昭彰的因果報應。當然，處在今日科學昌明的時代，遊客不妨抱著以下心態來面對，即是：

　　遊鬼城不怕，全係神話傳說；

　　覽地獄勿驚，均屬藝術造像。

（原載《歷史月刊》，170 期，頁 13~16，民國 91 年 3 月）

洪秀全官祿㘵故居巡禮

洪秀全這位太平天國首腦，一度威震神州，至今名揚四海。若論出身，他其實是個農家子弟，生長在廣州市的一個農村官祿㘵。人傑而地靈。如今這個小農村的洪秀全故居，經過整修，已成為觀光景點，其中保存了不少洪秀全及太平天國的相關史料。

一般史書告訴我們，洪秀全（1814～1864）是廣東花縣人，到廣西金田村號召農民起義，而較少聽到官祿㘵這個地名。按官祿㘵位於花縣縣城西南，距廣州府約一百華里，村西北背枕獨秀峰和丫髻嶺，村東南面向一片開闊的田疇，村內居住有洪、凌、鍾、巫四姓，都是從外地逃荒遷徙而來的客家人。官祿㘵現今屬於廣州市花都區新華鎮大㘵村，就是洪秀全出生、成長和耕讀的地方（一說出生於福源水村，後舉家遷往官祿）。官祿㘵是一個窮村，流傳著這樣一首民謠：

官祿㘵，官祿㘵，食粥送薯芋；
烏蠅咬飯粒，追到新街渡。

洪秀全故居一隅

這首民謠，正是當地農民貧苦生活的寫照。

今為全國性重點文物保護單位的故居，乃一排六間小平房，土牆瓦面，每間約十五平方公尺，極為簡單樸素。左起第一間門楣上有郭沫若手書「洪秀全故居」的木刻橫額。室內陳列洪秀全早年用過的臥床、台椅及文房四寶。洪秀全當年在此室手撰《原道救世歌》、《原道醒世訓》和《百正歌》等革命起義文獻。第二間廳堂正中掛著洪秀全高祖洪英綸夫婦的畫像，上有洪秀泉的親筆題詩。

書房閣

洪秀全七歲入本村村塾——書房閣讀書，勤奮好學，五、六年間即能誦讀四書五經、孝經，並涉獵歷史地理等書籍，甚得業師稱許。後因家貧失學，隨父兄耕種，到十八歲時被聘為該村塾師，任教於書房閣。該閣為平房建築，土牆瓦頂，並不起眼。清軍誅九族時已將其焚毀，現在的建築是1959年根據

文物考古資料修復的。1998年曾維修過一次。

不死的龍眼樹

這棵形狀奇特的龍眼樹，是洪秀全青少年時期親手種植的，距今已有一百七十多年的歷史。相傳在太平天國覆滅那年，它被雷電擊中並劈成兩半，氣息奄奄。當時清軍曾藉此殘枝示眾，並揚言「誰敢再造反就像這棵樹一樣遭雷劈死」。可是這棵樹非但沒有枯死，反而活了下來，而且以它那頑強的生命力長成一棵青龍體態、枝葉繁茂的大樹。因此有人為此題詩曰：

洪秀全讀書和執教過的書房閣

天王理想今全現，掃盡不平方太平；
留得千載龍眼樹，年年展眼看分明。

咏劍詩

據史冊記載，洪秀全在建立拜上帝教時，特請著名鐵匠「打鐵羅」鑄了一把寶劍，長三尺，重數斤，劍上鑴有「斬妖劍」三個字，佩在身上。並題詩一首曰：

不死的龍眼樹

手持三尺定山河，四海為家共飲和。

擒盡妖邪投地網，收殘奸宄落天羅。

東南西北敦皇極，日月星辰奏凱歌。

虎嘯龍吟光世界，太平一統樂如何。

　　論者或謂，這是一首革命詩篇，即把「定山河」理解成打江山，
「太平一統」理解成推翻清朝，建立一統的太平天下。也有人認為，
這首詩可能是經後人改造過的，諸如「定山河」和「太平一統」也未
必是原來的詩句。退一步說，即使是原來就有的，這也可以從梁發的
《勸世良言》中找到答案，所以它的內容仍然是宗教的語言，而不一
定是革命的語言。

洪氏宗祠

洪氏宗祠

　　這是洪姓由福源水村搬到官祿㘵時所建的祠堂，為青磚木瓦結構，三間兩進，廳堂列有祖宗牌位，上書對聯：「由嘉應徙楊梅祖德宗功經之營之力圖官祿之基礎；藉花峰貫花邑光前裕後耕也學也恢宏敦煌之遺風。」這說明了洪氏的世系源流。

　　宗祠在太平天國革命失敗後遭清軍焚毀，後於1911年由洪氏族人醵資修復。宗祠內陳列有洪秀全及太平天國的歷史資料，故又稱廣東省花縣洪秀全紀念館。

（原載《歷史月刊》，183 期，頁 18~20，民國 92 年 4 月）

上海尋訪蔡元培故居

一次意想不到的緣份

　　每次出國，除開會外，藉機尋幽探勝，參觀名人故居，通常也是求之不得的安排。個人研究中法文化關係，乃至歐戰華工以及留法勤工儉學，這些都與蔡元培有很密切的關係。2006年10月，筆者受邀參加上海中山學社所主辦的一項孫中山國際學術研討會，會後在馬銘德先生建議和引導下，前往華山路303弄16號的蔡元培故居陳列館參觀並拜訪蔡粹盎女士[註1]，與蔡女士相談甚得。蔡女士雖已高齡八十，且身軀略顯佝僂，但口齒清晰，記憶力超好。承她親筆題贈《蔡元培畫傳》（蔡建國主編，上海人民美術出版社，1988年10月出版）一冊。返台後，即寄上《中央研究院史初稿》以及由筆者校訂、中央研究院近代史研究所再版的《旅歐教育運動》等數書，做為交流。時隔數月，如今再來追述這一段往事，仍覺記憶鮮明！

重溫蔡元培

　　蔡元培（1868～1940），字鶴卿，號子民，浙江紹興人，清光緒進士。甲午戰爭後接觸西學，同情維新派。戊戌變法後回紹興，任中西學堂監督，提倡新學。1901年任愛國女校校長。1902年與章炳麟等創立中國教育會，任會長。後以《晨報》為基地，提倡民權，宣傳排滿革命。1904年與陶成章等成立光復會，任會長。1905年加入同盟會。1907年留學德國。1911年武昌起義後奉召回國，旋即出任南京政府教育總長，主張採用西方教育制度，廢止祀孔讀經。1913年去法國，1915-16年與李石曾等創辦勤工儉學會，鼓勵青年學子「勤以作工，儉以求學」到法國留學。1917年回國任北京大學校長，實行「思想自由、兼容並包」的辦學方針，宣傳勞工神聖，支持新文化運動。1924年當選中國國民黨第一屆候補中央監察委員。1927年後，歷任大學院院長、中央研究院院長、監察院院長（堅辭未就）。1931年九一八事變發生，主張抗日。1932年與宋慶齡、楊杏佛等在上海發起成立中國民權保障同盟，任副主席（主席為宋慶齡）。1937年上海淪陷，移居香港養病。1940年3月5日病逝於香港，享年74歲。逝世時，國民政府褒揚令特別推崇蔡氏「道德文章，夙負時望」，「高年碩學，永為黨國儀型」。毛澤東也致唁電尊蔡氏為「學界泰斗，人世楷模」。大陸的高平叔先生編有《蔡元培先生全集》與《蔡元培年譜長編》，資料豐富，可以參攷。

故居滄桑

　　上海是教育家蔡元培早年從事教育和推翻滿清革命之地。1937年「八一三事變」後，上海時局動盪，因病療養中的蔡元培於10月29日由愚園路884號舉家遷入法租界，租住在海格路175號（即今華山路303弄16號）花園洋房內，這是蔡元培在上海的最後居所。在這裡，蔡氏一邊養病，一邊進行抗日救亡運動，領銜致電正在比利時首都布魯塞爾開會的九國公約會議，抗議日本摧毀中國文教機關的暴行，呼籲主持公道，制裁日本侵略。11月下旬，蔡元培乘法國郵船離滬赴香港。蔡元培在香港病故後，故居由其夫人周峻女士及子女居住，蔡元培遺留的大部分藏書及手稿得以保存。1984年，上海市文物管理委員會公布該處故居為市級文物保存單位。2000年12月，蔡元培故居陳列館落成並開放。

故居客廳

蔡元培的書桌

陳列館序廳

　　故居是一幢三層樓的白色磚牆英式花園洋房，在蔥郁樹木的襯托下顯得精緻而優雅，但略顯老舊。二樓正中央是客廳，東側為藏書室，至今仍收藏著蔡元培生前的部分書籍和往來信件，他用過的文房四寶、茶具等，都靜靜地擺在原來的地方。一樓則闢為陳列館，透過照片和實物，分為幾個不同的展廳，介紹蔡元培一生豐富的經歷。1892年他參加殿試的考卷，他使用過的舊式打字機和行李箱，他在德國留學的德文筆記本，他被黎元洪大總統任命為北京大學校長的任命狀，都一一呈現在我們面前。

　　小樓的二、三層是蔡粹盎女士與佣人的住處。出了小樓右拐，有個花園，小徑一彎，草坪一片。草坪兩頭各有一張西洋椅，四周樹木蓊鬱，想來時任中央研究院院長的蔡元培在這兒的生活該是比較安詳的。怎奈：

　　　　斯人一去無歸期，
　　　　惟留千古空懷想。

有機會到上海小遊的觀光客，不妨停下腳步進去看看，瞻仰瞻仰一代歷史人物的豐采！

註1：　蔡粹盎（1927～）女士是位工程技術專家，係蔡元培第三次婚姻與周峻（養浩）女士所生之女，1948年畢業於上海交通大學物理系。從事電生理儀器的研製，負責組織電子計算機在生理學研究中的應用及仿生學研究。曾任中科院上海分院測試計算中心高級工程師，亦為第三、四屆全國人大代表，第六、七、八屆全國政協委員。

溪口巡禮

到山青水秀的溪口，乘坐雙人座的三輪車，做重要景點半日遊，車伕操著聽不太懂的寧波口音，熱心的兼充導遊。來去匆匆雖未盡興，但已償夙願。

風水寶地──玉泰鹽舖

玉泰鹽舖位於溪口武嶺路中街地段，是蔣介石的祖父蔣斯千（字玉表）及父親蔣肇聰（字肅庵）經商開店的地方。當時以銷售專賣的食鹽為主，並兼營米、酒、石灰等其他貨物。

光緒十三年（1887年）農曆9月15日（陽曆10月31日），蔣介石出生在鹽舖樓上東邊房間裡。店舖房分前後兩幢，前幢三間，樓上臥室，樓下做店面；後邊一幢是作坊。房子先後經歷兩次失火，一次白蟻蛀毀。1948年，蔣介石出資重建，題寫「玉泰鹽舖原址」，署名中正，刻石於大門西側牆腳。

故居豐鎬房

玉泰鹽舖

故居豐鎬房前與蔣氏族人合影

豐鎬房乃蔣家故居，背北面南，臨街而建，房號「豐鎬」，宅名「素宅」。過街就是流經全鎮的剡（音善）溪，溪水對面就是筆架山，民間有信風水之說，「門對筆架山，兒孫代代都做官。」蔣宅先後雖經擴建，但臨街的大門和院牆一直保持原來建築，因為怕壞了風水。

蔣介石兩歲時，因玉泰鹽舖失火，一家人只好搬回舊房裡暫住。1929年冬，蔣身居高位，著手拆舊房，擴建為如今這樣規模的樓房，形成前廳後堂，兩廂四廊的格局。

後進房子的報本堂，用來祭祖、拜天地、供放蔣介石曾祖以下四代牌位。「報本堂」三字是國民黨元老吳敬恆（稚暉）於1948年手書。兩邊柱上楹聯，上聯是「報本尊親是謂至德要道」，下聯是「光前裕後所望孝子順孫」，乃沙孟海所撰、蔣介石親手題寫。報本堂上方紅底金字「寓理帥氣」

和跋文，是蔣介石為他的兒子蔣經國四十歲生日手書。

東廂房樓上為宋美齡臥室，房內佈置有西式傢俱。1945年抗戰結束，蔣、宋結伴回溪口，大多住在這個房間。西廂房樓上是蔣的元配夫人毛福梅臥室，1927年蔣與毛氏解除婚約，但約定「離婚不離家」，毛氏仍以義姐身分住在這裡，操持家務，一直沒有離開豐鎬房。1937年，蔣經國從蘇聯回來，蔣介石要為兒子補辦婚禮，新房就設在西廂房樓上，即毛福梅居住的房間。前庭及左右還有三個花園，有月洞門相通，中間小天井，兩邊有金銀桂花各一株，聞係宋美齡親手所栽。

豐鎬房內的報本堂

摩訶殿──蔣家私庵

摩訶殿是蔣家的私庵，因蔣氏祖宗摩訶太公是個佛教信徒，所以這個私庵稱之為摩訶殿。裡面供奉蔣家祖宗，蔣經國生母毛福梅也安葬於此。

摩訶殿旁邊草坪上有個饅頭型的黃

毛福梅墳墓

摩訶殿

「以血洗血」石碑

色土包，便是毛福梅墳墓，十分簡陋。1939年12月12日，侵華日機對溪口狂轟濫炸，毛夫人在豐鎬房遇難。蔣經國聞訊，從江西贛州晝夜兼程，趕回溪口奔喪，抱住母親屍體慟哭。後來，把母親遺體暫厝摩訶殿，直到1946年才安葬。蔣經國並寫下「以血洗血」四個大字，以表復仇之心。目前，這塊石碑已移至小洋房樓下房間的一個牆腳。

文昌閣──樂亭

> 巍巍百尺峙上邱，贏得奎光射斗牛；
> 文藪由來錦溪勝，爭看多士踏鰲頭。

文昌閣初建於雍正年間，為早年溪口「文昌會」、「文武會」、「錦溪書齋」諸會文人學士聚會的地方，內有文昌帝君像，故取名文昌閣。登上文昌閣，可領略依山傍水的溪口鎮全貌。1926年，蔣介石出資擴建，並改其名為樂亭，親自撰寫「樂亭記」。文昌閣青磚砌牆，飛簷翹角，雕樑畫棟，前有碧潭觀魚的憩水橋，閣後是幽靜雅致的樂亭，周圍樹木成林，景色秀美，確是休憩的好去處。1939年12月遭日機炸毀，1986年重建。

1927年，蔣、宋聯姻後，兩人同到溪口，住在樂亭。文昌閣自然成為蔣、宋在溪口私人別墅和藏書樓。西安事變後，汪精衛趕到溪口探望在蔣母墓廬慈庵養傷的蔣介石，也被安排在文昌閣居住。有謂：文昌閣也是張學良幽禁生活的起點，1937年他在此住了數天後，改送往雪竇山的招待所軟禁，陪伴在側的是他的妻子于鳳至和秘書趙一荻。

小洋房滄桑

小洋房位於文昌閣東側，原先叫「涵齋」，又稱「剡溪小築」，緊依剡溪，背靠武山。這裡水深浪暖，碧波蕩漾，雖隆冬而不結冰，是溪口十景之一，名曰「武潴浪暖」。1930年，由蔣介石出資建成，

文昌閣

原打算給貼身侍從人員居住,便於自己小住文昌閣時傳喚。所以,西側門外,有直達文昌閣通道。

小洋房的三間平頂西式樓房,設計之考究,不亞於文昌閣,在當時溪口乃至寧波、奉化等地算得上時髦建築。小洋房的第一位貴賓是蔣介石的澳籍顧問端納。1937年,蔣經國夫婦帶著蔣孝文從蘇聯回到溪口,曾經在此住過一段時間,樓上東邊一間就是經國先生夫婦臥室,西邊一間是他的書房,中間是會客室,樓下是他的教師徐道鄰以及伴讀高理文使用的房間。

西安事變後,蔣介石回溪口養傷,宋美齡、陳布雷伴隨而來,陳布雷被安排住在小洋房裡,代蔣寫《西安半月記》。

1949年,蔣下野歸里溪口時,軍政要員絡繹於途,紛至沓來,小洋房上的天線不時的發射電波,對半壁江南繼續發號施令,十分忙碌。

　　聞《蔣經國傳》的作者劉宜良（江南）於1980年10月訪問溪口時，便住過小洋房。世事滄桑，如今小洋房景物依舊，而人事已全非！

　　　　　（原載《僑協雜誌》，95期，頁56~59，民國94年11月）

揮手千丈岩

附錄

俄羅斯檔案之旅

　　我既不懂俄文，也不研究中俄關係史，卻有幸在蘇聯解體、俄共垮台之後，到俄羅斯新國協走馬看花一趟，這一切只能歸之於緣分了。四十年的政治隔絕，連帶造成我們對彼邦的學術機構與研究行情相當陌生；而歷史的演變發展，卻逐步把我們拉近，終於有機會去揭開它的神秘面紗。

結緣的開始

　　結緣的第一步是，在我於民國八十年八月接任近史所所長之後的半年，也即八十一年三月末，忽然從俄國科學院遠東研究所（Institute of Far Eastern Studies）來了三位不速之貴客——所長基達連克（Michail L. Jitarenko）、中國歷史與政治中心主任葛雷哥里耶夫（Alexander M. Grigoriev）以及台灣研究中心主任拉林（A. G. Larin）。他們的台北之行，伸出了友誼之手，也開啟了雙方的合作之門。

　　第二步是同年七月二日的近史所諮詢委員會開議，為因應俄國新情勢的發展，通過了兩項與俄國研究有關

1992年3月24日俄國科學院遠東研究所基達連克所長一行訪問近史所，右起：熊秉真、拉林、陳永發、基達連克、陳三井、葛雷哥里耶夫。

的決議：（一）加強與俄國學術機構之學術交流；（二）積極培養俄文人才，開展中俄關係史的研究。接著而來的院士會議，在顧應昌等數位院士的倡議和促成下，通過了一項提案，認為俄國有一批蘇共時期的檔案極為珍貴，為爭取時效，請院方支援經費，讓近史所派員從事規劃取得與研究之方式。撥款十萬美金購俄國檔案事，一度成為媒體注意的焦點，這也是促成我們俄羅斯檔案之旅最具關鍵性的一步。

一波三折的簽證

在俄羅斯的政經狀況充滿不確定的因素下，我不得不把此行的任務僅定位在初步接觸與瞭解上，所以自我設限了三個目標：（一）與

遠東研究所訂立學術合作協定；（二）參觀檔案機構，瞭解有關中俄檔案的收藏情形；（三）重點式的訪問大學與學術研究機構，瞭解他們的中國近現代史研究狀況。

目標既定，我邀請了本所檔案館主任黃福慶及中共黨史專家陳永發同行。福慶兄曾留學日本東京大學，研究清末留日學生與中日文化交流史；永發兄出身美國名校史丹福大學，對相關資訊頗為留心注意，與俄方學者也有數面之緣；我自已則留學法國，做留法勤工儉學研究，對孫逸仙大學的資料也感興趣。我們這歐、美、日留學背景的組合，在語言工具上及許多場合，倒也發揮了一點「臭皮匠」的功用。

萬事俱備，只欠東風──俄國簽證。按理，自俄國開放後，簽證應該不難，但我們卻碰到了幾許波折，直到飛機起飛前的二十小時才拿到簽證，過程著實緊張。首先，簽證時所附的對方邀請函上，除了姓名外，還必須載明被邀請人的出生年月日與護照號碼。因此，單是邀請函便麻煩了遠東研究所好幾次，而在傳真不是很順暢的情況下，有時真令人等得心焦。其次，妙的是，傳真來的邀請函，上面還得特別註明在俄國停留的期限。因聯絡有誤，其進出日期又與我們原訂的班機時間不一致，所以只得再退回去重改；最後也最不可思議的是，從韓國使館簽發寄來的俄國簽證，入境日期仍與我們要入境的時間不符，必須退回再改。俄國人的辦事有欠靈活，首先讓我們見識到社會主義制度僵化的一面，而簽證的一波三折，更讓我們對俄國之行，充滿了不安與戒慎之心情。

踏入另一個世界

俄羅斯之旅，充滿新奇、頗有可記之處，為了敘述方便，且以日記型式展開。

五月九日（星期日）　晴

上午九點從中正機場搭華航六四一班機起飛，順利抵港，在香港機場由國泰航空代辦轉機手續，改搭莫航SU-594。Aeroflot飛機新，可載客三百五十人。原訂下午一點十分起飛的班機，卻延誤二個半小時，在機上等待機飛的時刻，空服員除提供耳機外，未供應任何飲料，雖焦渴難耐，但旁觀機上其他乘客卻是一副老神在在的樣子，倒也能隨遇而安。機上有三分之二來自台灣的觀光客，而廣播卻僅用俄語與令人難懂的英語，恐怕有增加華語的必要了。餐點像華航一樣豐富，但味道稍不習慣。

經過十二小時的長途飛行，班機於當晚十點（時差四小時）抵達莫斯科機場。下機後，拎著隨身行李，走過長廊到了移民局的關卡，面對的是位穿軍服的年輕人，他竟迸出一句問話：「Korean?」我對他手上有我的護照和簽證卻明知故問，頗感納悶，但只得回答說：「不，我是從台灣來的中國人。」接下來是一段無言的空白和氣氛的凝滯，他時而盯著我，時而看看手上的證照，就是遲遲不蓋章。我不曉得什麼地方出問題，想打開手提箱出示邀請函給他看，他以手示意不要。事後猜想，他可能發現本人沒有護照上的照片年輕，或者只是故意裝模作樣罷了。

　　取行李時，每輛推車索費美金二元，真有敲竹槓之嫌。出關時走綠色快速通關口，幸未檢驗行李，也未要求當面點清身上所帶美鈔，倒省事不少。出關後，遠東所派一廂型車來接，該所副博士石克強（C. Schevelyoff）先生與余敏玲小姐已鵠候近三小時矣！余小姐畢業政大東語系（俄文組）、歷史所，在美國市立紐約大學攻讀博士學位，獲蔣經國基金會贊助在俄國搜集孫逸仙大學資料，是我們這次俄國之行的特約聯絡人兼俄文翻譯。

　　從機場到旅館途中，但見馬路寬大，夜靜車稀，絲毫感覺不出公民投票前後政局曾有一番動盪，也感受不到盧布連番貶值（從年初一美元對一百二十盧布，降為九百盧布）的陰影。當晚住進在外交部對面的Hotel Belgrad，每天一百美元（包括早餐）。由於我們到得晚，旅館此時已靜悄無聲，櫃台空無一人。在十二樓一間辦公室辦完登記與繳費手續，已近午夜。送走了客人，進房間一看，冰箱是空的，除浴巾外，別無長物。雖高居十六層，窗外車聲仍清晰可聞。長夜漫漫，又新來乍到一個陌生的環境，思前想後，竟難以合眼。

吉普賽驚魂

五月十日（星期一）　晴

　　昨天是俄國勝利紀念日，今天補假一天，機關不上班，所以未安排拜會活動，趁機先觀光一番。

　　早餐明明寫者八點開始，或許是假日關係，或許是平常慢條斯理慣了，旅客卻不得其門而入，折騰了半個小時才開門。

早餐後，在旅館客廳等後余小姐的空檔，福慶兄想外出走走，於是我也同行。在河邊照了幾張相，剛過橋轉入一小公園時，忽見前方有一、二十位吉普賽小鬼奔跑而至，在心裡無備的情況下，轉瞬間已陷入重圍，有的拉手，有的扯衣服，飽受攻擊，掙扎數分鐘後，他（她）們才呼嘯而去。驚魂甫定，檢點損失，福慶兄身上的皮夾被扒走，內有三百多元美鈔及身分證件，我長褲後袋的眼鏡袋也被當作皮夾扒走，幸無其他損失。事後聽說，流浪俄國的吉普賽人是在歐洲最兇悍的一群，政府對他們也束手無策。俄國友人對我們親身體驗的「俄國經驗」，只好連聲說抱歉了！

　　等余小姐到，帶我們出遊，路經一國營商店，進去略作參觀，印象是東西少，布置簡陋，尤缺冷凍設備。特色是，看中目標要先排隊付鈔一次，再憑收據排隊取物一次，因此但見處處大小長龍，若趕時間，根本什麼東西都無法購買。

　　乘地鐵，採投幣制，不分距離，一律六盧布。硬幣改用塑膠代用品，輕飄飄地。莫斯科地鐵採環狀設計，壯觀、美輪美奐，令人印象深刻；只是缺乏裝潢與廣告，頗覺單調。

　　上午參觀克里姆林宮的東正教教堂、大砲、巨鐘，遊客甚多。中午在Intourist吃西餐，每人約付五美金。下午參觀紅場、逛百貨公司，雨中乘遊艇來回莫斯科河一趟。回旅館時間已晚，於是向服務生要求開水，沖泡帶來的紅燒牛肉麵和炸醬麵果腹，一則減輕行李重量，一則趁機讓腸胃稍作休息。

展開拜會活動

五月十一日（星期二）　晴

　　上午十點半，到遠東所拜會，見
到所長基達連克，副所長米亞斯尼科夫
（V. S. Miasnikov）、葛雷哥里耶夫、索
羅金（V. F. Sorokin）等教授及年輕一輩
的石克強、唐南晉（Sveshnikov）。由所
長作簡報，大致瞭解，俄羅斯科學院現
有三百六十五個研究所，共約六十萬學
術工作者。遠東所自己擁有一座十四、
五層的大樓，與經濟所毗鄰而對，現
有三百八十多人，一年來已減肥五十
多人。遠東所共分六大部門：一、中國
社會與經濟研究中心，主任為波提雅可
夫（Dr. Vladimir Ya Portyakov）；二、俄
中研究與預測中心，主任為通信院士兼
副所長米亞斯尼科夫；三、中國歷史與
政治中心，主任為葛雷哥里耶夫；四、
東亞文化與文明中心，主任為貝里羅莫
夫（Dr. Leonard S. Perelomov）；五、韓
國、日本研究中心，主任是史托里雅洛
夫（Dr. Yuri S. Stolyarov）；六、資訊中

莫斯科紅場留影

攝於克里姆林宮巨砲前
左起：陳永發、陳三井、黃福慶、余敏玲

心（The Inform-Bank），主任是史提巴諾瓦（Dr. Galina A. Stepanova）。
其中以一、五兩組規模最大。

　　遠東所正編撰《中國哲學與社會思想大辭典》，約一千多頁，明
年初可以出版。並出版有俄文、英文版的《遠東問題》（Far Eastern
Affairs）雙月刊，且正與北京方面洽商出中文版中。

　　中午基達連克所長特別延請我們到他們的招待所午餐。招待所亦
為休養所，距市區約十公里，雖略顯滄桑，但有園林之勝，聞為恐怖
伊凡（四世）所建之別墅，拿破崙、蕭伯納、羅曼羅蘭等名人均曾在
此留宿。午餐喝俄國名酒伏特加，吃魚子醬，主人頻頻勸酒，盛意可
感。

1993年5月訪問俄羅斯科學院遠東研究所中俄學者合影，左起：余敏玲、黃福慶、米亞斯尼
科夫副所長、陳三井、基達連克所長、石克強、陳永發、高黎明（葛雷哥里耶夫）。

　　下午三點，參觀國立俄羅斯現代歷
史文獻中心（Russia Centre of Conservation
& Study of Records for Modern History），
因館長安德生（Dr. Kyrill M. Anderson）出
國，由副館長諾莫夫（Cleg V. Naumov）
接待並做簡報。該中心為俄國十八個國
立檔案館之一，由原來的馬克思、恩格
斯、列寧三個研究所合併而成，故正門
三個入口上分別鑴有三人的塑像，以為
標誌。所藏以1953年以前文獻為主，
包括蘇共中央、共產國際以及列寧和其
家屬的文獻等。當1957年中蘇蜜月時
期，俄方曾把共產國際中共代表團人事
資料送給中共，自己卻未留拷貝，徒留
遺憾！

俄羅斯現代歷史文獻中心正門

　　我們最感興趣的是當年孫逸仙大
學、東方大學、國際列寧學院所藏的中
文資料，尤其有關經國先生的資料，詢
問如何合作做微捲問題。副館長表示，
政治層面困難較少，技術層面則較多，
因為館方缺乏複印機與微捲製作機器。

孫逸仙大學舊址，現已改為農化公司

　　接著由余小姐帶路，去尋找孫逸仙
大學的舊址，現已改為農化公司，樓高

四層，房舍保養甚佳，拍照留念時曾遭公司人員出面抗議。

五月十二日（星期三）　晴

上午九點半，專車來接，到科學院總部拜會科學院主席團顧問、全俄歷史學會主席齊赫文斯基（Serguei L. Tikhvinsky）。總部建築造型特出有如迷宮，且門禁森嚴。幸遠東所副所長適時來到，才得其門而入。齊赫文斯基雖年已七十五歲，但腦筋清楚，精神矍鑠，風趣健談，早年畢業於列寧大學，係漢學大師Alexei與胡廷康（Voitinsky）的高足，當過外交官，駐過北京、重慶、東京、倫敦等地，通曉多國語言，抗戰期間在中國時，對周恩來、傅秉常、蔣經國等留有印象，現寫《周恩來與中國革命》一書。他招待喝茶吃餅乾，我們送他故宮字畫與凍頂烏龍茶，他回贈一套俄國二次大戰外交文書。

下午三點半，拜訪當代文獻中心（Storage Center For Contemporary Documentation），此地原為蘇共中央科

拜訪齊赫文斯基院士，坐者左起：陳三井、齊赫文斯基、米亞斯尼科夫；站者左起：黃福慶、余敏玲、陳永發。

學部所在，以收藏1953年以後檔案為主，但亦藏有蔣經國的個人資料。由於前任館長等數位高級人員因涉及資料醜聞案而去職，故由副館長馬洛夫（Dr. Juri K. Malov）接待。對於我們感興趣的經國先生資料，他表示人物資料通常需七十五年始能解密，但若有直系親屬的委託，可以直接向全國檔案委員會提出申請。臨別，副館長送每人一張歷任俄共總書記的簽名集錦。

與莫斯科大學亞非學院教授們合影，左起：黃福慶、陳永發、Lapina Zinaida、卡內夫、院長梅利克謝托夫、余敏玲、陳三井、皮薩列夫、葛雷哥里耶夫。

下午六點，拜會莫斯科大學亞非學院，由院長梅利克謝托夫（Arlen V. Meliksetov，研究20~40年代的國民黨社會經濟政策）率副教授皮薩列夫（A. A. Pisarev，研究1930年代的中共農村改革）、講師卡內夫（A. N. Karneev，研究梁漱溟），以及Lapuna Zinaida（以生態學的觀念研究儒家經世思想）等人與我們座談，介紹雙方研究專題。院長並說明蘇聯解體、共黨垮台後，對俄國漢學家的研究課題也產生衝擊。過去他們比較重視革命、動亂、起義、災難的研究，而忽視和平時期的發展，著重反面的影

響，現在則應平衡對待歷史，尋找中國人如何建立自己的文明、文化的過程。

東方新人才流散

五月十三日（星期四）　晴

旅館早餐愈來愈進步，今天喝到牛奶，並吃到煎蛋，亦人生一大快事也。

上午十點半，到外交部檔案館拜會，由館主任利貝得夫（Igor V. Lebedev）接見並做簡報。他表示願與國內外學術機構合作，但因缺乏人力與設備，若無外國的資助，實難運作。外交部正在出版1939年前後蘇聯的外交決策檔案，其中自有不少與中國密切相關者。他們與遠東所已經有兩個合作計畫在進行，先出俄文版，再譯成英文或中文。我們要求參觀閱覽室，發現坐位甚少，設備也有待改進。

下午三點，到科學院東方學研究所參觀，由曾經來台到本所訪問過的台灣研究中心主任葉文基（Petr M. Ivanov）熱誠接待——雖說熱誠接待，卻是連一杯茶水也沒有。盧布貶值，咖啡、茶、糖等民生物品飛漲，這一點我們倒能體諒。東方所大為沒落殘破，已難能再展現往昔的燦爛光輝。據葉文基說，東方所人員已由原來的八百人減到七百人，大家上班情緒低落（有的一、三、五上班，甚至不必上班），有辦法的改行做生意跑單幫去，沒辦法的到處兼差賺外快，甚至回鄉村小別墅種菜去。東方所樓下鄰街值錢的店面則租給日本人開料理店，名叫土佐藩，同時也是日本的Royal Club名叫喜多川的會址。所謂各謀生

路，學術掃地是也。順便參觀了台灣
研究中心，除了幾張破舊的桌子和兩台
陳舊的打字機，牆上掛著一張簡單的台
灣地圖外，別無長物，看了令人感慨萬
千！

　　為了聯絡感情，晚假中央賓館，
宴請遠東所、東方所、亞非學院、比較
政治研究所等機構的學者專家，賓主共
廿人。這是當年瞿秋白請客，蔣經國等
人吃過飯的地方，頗具歷史意義。大家
痛飲伏特加酒以及從台灣帶去的金門高
粱，吃魚子醬，每人僅收費二十美金，
尚稱公道。福慶兄身負「酒」國外交重
任，在力拼群「雄」之下，終於大醉而
歸。

拜會科學院東方學研究所

五月十四日（星期五）　晴

　　上午十點，再到遠東所，先見副所
長米亞尼斯科夫，他贈本所兩套已經絕
版的俄國外交文書。十點半，在遠東所
的討論室，我報告中華民國台灣的近代
史研究，簡略介紹了近史所、國史館、
黨史會、省文獻會和各大學的最近研

與俄國學者餐敘

究和出版動態，我特別指出有「經濟掛帥」、「歷史主流」、「台灣史熱門」的三個現象，聽講的有二、三十人，加上來自中國人民大學的三位學者楊偉民、文躍然、姚裕群，討論相當熱烈。有問及本所與北京社科院近史所、廈大台灣所的合作關係，有商榷現代化的定義問題，有關心歷史解釋與意識形態的問題。有趣的是，會場僅給我供應一杯茶喝，其餘的人都只有乾渴了。十二點在所長室，與遠東所基達連克所長簽下歷史性的學術合作協定，有俄、英文各一份。至此，來俄的第一個目標已經達成。

下午三點，參觀俄羅斯國家檔案館（State Archives of Russia），這是俄國最大的檔案館，有二百五十位工作人員，由館長米羅年科（Sergei Mironenko，俄國史專家）、女副館長巴科維茲（Olga Barkovez）接見。此地收藏有1926-38年中蘇文化交流檔案。他們頗有心，特別調出了一些資料供參閱，其中有蔣廷黻於1934年任清華大學史學系主任時，為籌編近代中國外交史資料輯要，向俄方要求提供璦琿、天津、北京條約以及俄國對太平天國看法等的信件。

在莫斯科的正式訪問到此告一段落。晚抽空打起精神到歌劇院觀賞一場芭蕾舞劇。散場後，遠東所的拉林先生隨專車來接，送我們到列寧車站，搭當晚十一點十分臥車前往聖彼得堡（即列寧格勒）。夜車是二人一廂的軟臥，震動聲響甚大，不容易入睡。

聖彼得堡初旅

五月十五日（星期六）　晴

　　晨七點半抵聖彼得堡。一下月台，遠東所石克強的弟弟亞歷山大來接，他是測量所的技術員，與哥哥是雙胞胎，所以長得真像，猛一看，實在分辨不出來。

　　我們在聖彼得堡的住處尚無著落，幸有亞歷山大的帶引幫忙，為我們在南區找到一家日租僅四、四○○盧布（折合五美金）的基輔旅館。因為下午才能搬去，所以存寄行李後，便安步當車，一面順著車站前的聶夫斯基（Nevski）大道閒逛，一面想吃一頓豐盛的早餐。平常觀光客熙來攘往的這條有名大道，這時商店都還未開門，行人也不多，吃早餐變成一種奢望，最後是在普錫金公園，把從台灣帶來的夾心餅乾就地做個解決。

　　中午帶著行李到基輔旅館報到，旅館為我們準備了早餐當中餐，飯後補睡一覺，洗澡後換上輕便衣服又於下午五點出發，先去黃志光同學（淡江歐研所畢業）住處取回代購的回程車票，再到歐洲旅館（Hotel d'Europe）與亞歷山大碰面，請他吃西餐大菜，酬謝他的幫忙。歐洲旅館是五星級的觀光飯店，跨國投資，設備新穎現代化，廁所是到俄國以來所見合乎水準的第一家，服務態度與用美金收費，完全是資本主義社會的模式。飯後天色仍如白晝，又逛名勝古蹟直至聶瓦河（Neva）邊，其後搭電車轉地下鐵歸，到站後仍有十五分鐘路程才抵旅館，走得腳酸口乾。

溫馨檔案情

五月十六日（星期日）　晴

　　聖彼得堡的天氣與莫斯科差不多，建築則更有規劃，更具色彩鮮豔的美感，惟時當春暖花開季節，飛絮滿天，稍不小心，便吸入口鼻。

　　十點二十分，搭計程車出發，到國立公共圖書館（National Library of Russia）亞非分部參觀，入口處既古老破舊而又不起眼，但中文藏書卻有二萬八千冊。該館的特色是收藏有二十多種蘇聯境內於1918～37年出版發行的中文期刊，比較著名而又重要的有莫斯科的《前進報》、聖彼得堡的《華工報》、海蔘威的《中國工人》、《工人之路》、《碼頭工人》等，對於研究華人在俄國是很重要的材料。民國十四年的《前進報》上刊有胡漢民不少文章，包括〈華僑與革命〉、〈蘇俄十月革命八週年紀念的感想〉、〈告追悼列寧的中國人〉、〈答德國留學同志第一書、第二書、第三書〉等，都是國內罕見的珍貴資料。

　　接待我們的巴喀律克（Valeriya Bakalyak）女士極為熱情，除為我們提供多種報紙期刊當場翻閱外，又燒水煮茶自製各種可口點心，在她侷促不堪的辦公室款待我們，這可以說是抵俄以來，除遠東所外，所受到最好的招待。在此認識科學院東方所彼得堡分部研究敦煌學的邱古耶夫斯基（Leonid I. Chuguyevsky），相約明天見面。

　　點心一吃，午餐再也沒胃口，下午二點半與亞歷山大約在世界聞名的Hermitage博物館門口見面。購票時，入場券外國人為五千盧布，

本國人只要二十盧布，相差極為懸殊，亞歷山大因此自我調侃說：「這是做俄國公民唯一的好處」。博物館舊稱冬宮，樓高四層，面對聶瓦河，後為大廣場，極為壯觀。館內除收藏西歐的印象派作品等外。也有東方包括敦煌珍藏。

出館後，巧遇黃志光同學夫婦，乃相偕過河去參觀彼得堡（Peter and Paul Fortress），堡內有教堂、鑄幣廠、監獄等部門，教堂的尖頂聳入雲霄，一直是聖彼得堡的地標。花園中塑有美國雕刻家所贈的彼得大帝坐姿雕像，頭小身軀大，聞係暗寓四肢發達，有勇無謀之意。晚到阿斯托利亞（Astoria）一四星級旅館晚餐，氣氛好，有樂師演奏，菜較歐洲旅館便宜，可以付盧布。

五月十七日（星期一）　晴

早餐後，坐計程車到蘇航公司，先辦理在莫斯科難以處理的機位確認手續。十點半，到東方所分所參觀，其閱覽室原係宮殿，故極氣派。分所共有一百五十名研究人員，研究中國的約有

聖彼得堡Hermitage博物館前廣場留影

彼得堡內的彼得大帝（頭小身軀大）雕像

三十人。中文藏書有三萬多冊，但藏有一份哈爾濱出版的俄文《滿州雜誌》（Manchuria Monitor），1923年創刊，對研究東北問題是珍貴的材料。

東方所分所的閱覽室固然寬敞氣派，但其研究室卻極狹窄簡陋，十幾人共用一室，在此除遇見先前的邱古耶夫斯基外，並認識主任研究員孟列夫（Prof, Lev. N. Menshikov，研究敦煌學，曾到台北參加過國際敦煌學會議）、研究員齊一得（從事文學翻譯）及高雷葛里亞得（V. N. Goregliad，研究佛教史，通日語）。倫敦、巴黎、北京和聖彼得堡是敦煌文獻的四大藏家，他們正與上海古籍出版社合作出版《敦煌吐魯番文獻集成》，已出版《俄藏敦煌文獻》第一冊，聖彼得堡部份，預定出版五冊。中午因外出不便，就在他們具有書香味的「德有鄰堂」，一邊煮開水泡茶，一邊分享他們的麵包，就這樣與俄國幾位漢學家共渡了一個別開生面但卻富人情味的午餐時刻。

下午續到列寧大學東方圖書館參觀，查書目，發現有中研院早期院刊及1948年以前的史語所集刊。繼至科學院圖書館東方部參觀，閱覽室掛一副對聯：「學而不思則罔，思而不學則殆」，倍覺親切。中文藏書有四萬冊，期刊部皆日韓文及大陸出版品，來自台灣者只有與台大交換的少數幾種。

參觀結束，約出黃志光等幾位留俄同學，帶領我們選購琥珀紀念品，並共進晚餐。晚搭十一點卅分夜車回莫斯科。上車前，剪票員聲稱我們的車票有問題（疑為借人頭代購），多索二千盧布才准上車。

莫斯科的最後十六小時

五月十八日（星期二）　晴偶陣雨

　　火車準時於上午八點左右抵達列寧格勒車站，遠東所派車來接，這是我們停留莫斯科的最後一日，因為半夜要上飛機，所以不住旅館，把所有的行李集中置於余敏玲住處。

　　早餐後，先到俄國名人公墓參觀。墓園佔地甚廣，林蔭蔽天，規劃別具匠心，常見以大理石、花崗岩等素材，為各式各樣的歷史人物雕成各種不同造型的墓碑。我們走過赫魯雪夫、葛羅米柯、克魯泡特金、柴可夫斯基以及許多多數不清、記不上名字的將軍、院士的墓園。哲人日已遠，只能唏噓一番。幾經尋覓，我們終於發現也有王明（陳紹禹）的半身雕像，上書生卒年月日，並以俄文附誌：「中國共產黨運動的傑出工作者」。王明長得很像毛澤東，聞王明的兩個兒子——王丹之（數學博士）、王丁之（文學博士）尚在俄國，女兒王芳己已故，與母親孟慶樹合葬於

俄國名人公墓一隅

俄國名人公墓前留影

附近。

　　中午十二點，再去現代歷史文獻中心，拜會已經回國的安德生館長，在此與來自柏林自由大學東亞所的郭恆鈺教授夫婦及費路教授（R. Felber）相遇。安德生教授是英國史專家，英語相當流利。東亞所與遠東所和現代歷史文獻中心之間正在進行一項檔案合作的出版計劃，先出俄文與英文版，我們從中瞭解一些實際的問題，做為我們洽談進一步合作的借鏡。下午經特許，參觀他們的檔庫。檔案用方形可移動的鐵箱（防火耐高溫），上鎖密封，成行排列，且門禁森嚴，保護極為周密。下午三點，再與郭教授密談，他透露若干不便報導的檔案內幕，並承諾中文版將來交由近史所出版。

　　與郭教授等握別後，又利用時間去參觀列寧博物館，展示列寧生前文物，資料極為豐富，令人印象深刻。至此全部的拜會參觀活動結束，原訂的後兩個目標也大致有滿意的收穫。

　　晚飯後，回到余敏玲住處，整理行裝，有東方所葉文基及遠東所的拉林、石克強、唐南晉等人前來送行，有的送伏特加酒，有的託帶信件。遠東所的三位朋友更隨專車親送至機場，幫忙提行李，並協助我們通關後始於凌晨離去，隆情盛意極為可感。在蘇航的回程班機上，滿載著我們這一趟俄羅斯檔案之旅的豐富收穫，以及令人難以忘懷的溫馨友情。

（原載《歷史月刊》66 期，頁 81~91，民國 82 年 7 月）

世紀映像叢書

世紀映像叢書

國家圖書館出版品預行編目

青史留痕：一個臺灣學者的大陸之旅 / 陳三井著.
-- 一版. -- 臺北市：秀威資訊科技，2007.07
面；公分. --(世紀映像)(史地傳記；PC0029)

ISBN 978-986-6909-95-5（平裝）

1. 中華民國史　2. 現代史　3. 中國　4. 旅遊

628.09   96013026

 史地傳記　PC0029

青史留痕——一個台灣學者的大陸之旅

作　　者 / 陳三井
主　　編 / 蔡登山
發 行 人 / 宋政坤
執行編輯 / 黃姣潔
圖文排版 / 莊芯媚
封面設計 / 莊芯媚
數位轉譯 / 徐真玉、沈裕閔
圖書銷售 / 林怡君
法律顧問 / 毛國樑　律師
出版印製 / 秀威資訊科技股份有限公司
　　　　　台北市內湖區瑞光路583巷25號1樓
　　　　　電話：02-2657-9211　傳真：02-2657-9106
　　　　　E-mail：service@showwe.com.tw
經 銷 商 / 紅螞蟻圖書有限公司
　　　　　台北市內湖區舊宗路二段121巷28、32號4樓
　　　　　電話：02-2795-3656　傳真：02-2795-4100
　　　　　http://www.e-redant.com

2007 年 7 月　BOD 一版
定價：280元

讀 者 回 函 卡

感謝您購買本書,為提升服務品質,煩請填寫以下問卷,收到您的寶貴意見後,我們會仔細收藏記錄並回贈紀念品,謝謝!

1. 您購買的書名:＿＿＿＿＿＿＿＿＿＿＿＿＿＿＿＿＿

2. 您從何得知本書的消息?

　□網路書店　□部落格　□資料庫搜尋　□書訊　□電子報　□書店

　□平面媒體　□ 朋友推薦　□網站推薦　□其他＿＿＿＿＿

3. 您對本書的評價:(請填代號　1.非常滿意 2.滿意 3.尚可 4.再改進)

　封面設計＿＿　版面編排＿＿　內容＿＿　文/譯筆＿＿　價格＿＿

4. 讀完書後您覺得:

　□很有收獲　□有收獲　□收獲不多　□沒收獲

5. 您會推薦本書給朋友嗎?

　□會　□不會,為什麼?＿＿＿＿＿＿＿＿＿＿＿＿＿＿＿＿

6. 其他寶貴的意見:＿＿＿＿＿＿＿＿＿＿＿＿＿＿＿＿＿

＿＿＿＿＿＿＿＿＿＿＿＿＿＿＿＿＿＿＿＿＿＿＿＿＿＿＿

＿＿＿＿＿＿＿＿＿＿＿＿＿＿＿＿＿＿＿＿＿＿＿＿＿＿＿

＿＿＿＿＿＿＿＿＿＿＿＿＿＿＿＿＿＿＿＿＿＿＿＿＿＿＿

讀者基本資料

姓名:＿＿＿＿＿＿＿＿＿＿ 年齡:＿＿＿＿ 性別:□女 □男

聯絡電話:＿＿＿＿＿＿＿＿ E-mail:＿＿＿＿＿＿＿＿＿

地址:＿＿＿＿＿＿＿＿＿＿＿＿＿＿＿＿＿＿＿＿＿＿＿＿

學歷:□高中(含)以下　□高中　□專科學校　□大學

　　　□研究所(含)以上 □其他＿＿＿＿＿＿＿

職業:□製造業 □金融業 □資訊業 □軍警 □傳播業 □自由業

　　　□服務業 □公務員 □教職　□學生 □其他＿＿＿＿＿

To：114

台北市內湖區瑞光路 583 巷 25 號 1 樓

秀威資訊科技股份有限公司　　　收

寄件人姓名：

寄件人地址：□□□

(請沿線對摺寄回,謝謝!)

秀威與 BOD

BOD（Books On Demand）是數位出版的大趨勢,秀威資訊率
先運用 POD 數位印刷設備來生產書籍,並提供作者全程數位出
版服務,致使書籍產銷零庫存,知識傳承不絕版,目前已開闢
以下書系：

一、BOD 學術著作—專業論述的閱讀延伸
二、BOD 個人著作—分享生命的心路歷程
三、BOD 旅遊著作—個人深度旅遊文學創作
四、BOD 大陸學者—大陸專業學者學術出版
五、POD 獨家經銷—數位產製的代發行書籍

BOD 秀威網路書店：www.showwe.com.tw
政府出版品網路書店：www.govbooks.com.tw

永不絕版的故事・自己寫・永不休止的音符・自己唱